Johann Georg Eck

**Leben Friedrich Immanuel Schwarzens**

Nebst einigen Briefen berühmter und verdienter Männer an ihn

Johann Georg Eck

**Leben Friedrich Immanuel Schwarzens**
*Nebst einigen Briefen berühmter und verdienter Männer an ihn*

ISBN/EAN: 9783743477254

Hergestellt in Europa, USA, Kanada, Australien, Japan

Cover: Foto ©ninafisch / pixelio.de

Weitere Bücher finden Sie auf **www.hansebooks.com**

# Leben
# Friedrich Immanuel
# Schwarzens

Nebst einigen Briefen
## berühmter und verdienter Männer
an ihn

Herausgegeben
von
## Johann Georg Eck,
Professor der Moral und Politik, und Collegiat des grossen Fürstencollegiums auf der Universität zu Leipzig, auch Mitglied einiger Akademien und gelehrten Gesellschaften.

Leipzig, bey Adam Friedrich Böhme. 1787.

Ein Mann, der ausgebreitete gründliche Gelehrsamkeit mit exemplarischer Frömmigkeit verband, mannichfaltige Aemter meisterhaft verwaltete, und deßhalb mit Anträgen zu andern Aemtern überhäuft wurde, der nicht nur durch mündlichen Vortrag, sondern auch durch gute Schriften belehrte und erbaute, der die Hochachtung und Liebe seiner Zuhörer im höchsten Grade genoß, und dabey ausnehmend bescheiden, dienstfertig und verträglich war: ein solcher Mann bleibt wohl allen, die ihn kannten, und jedem seiner Zeitgenossen, der wahres Verdienst schätzen kann, unvergeßlich, und eine Lebensbeschreibung zur Erhaltung seines Andenkens scheint überflüssig, da seine Schriften der beste Abdruck seines Geistes und Herzens sind. Gleichwohl scheint mir einer der ersten deutschen Schriftsteller\*) es mit Recht zu den Verdiensten eines redlichen und frommen Mannes zu rechnen, wenn er seiner Familie, seiner Stadt und seinem Lande, sein Leben wie ein Vermächtniß hinterläßt. „Im Geräusche der grossen Welt, setzt er hinzu, wird es bald vergessen und verachtet: aber in niedrigern und ruhigern Gegenden wird es genossen. Hier und da sitzen Jünglinge in der Stille der Nacht, bey der Lebensbeschreibung eines solchen Mannes. Die moralischen und gottseligen Lehren, die sich itzt vor ihren Augen in Begebenheiten verwandeln, und jeden Zweifel über die Möglichkeit der Ausübung wegheben,

---

\*) Abbt vom Verdienste. S. 326.

heben, erwecken Ueberzeugung. Kostbare Zähren fallen; Schauer der Ehrerbietung durchwandeln die Glieder; Funken der Nacheiferung sprühen. Was für Wunder thust du noch in deinem Grabe! Ich brauche eben nicht mich darauf zu setzen: die bloße Erzählung deines Lebens thut sie. Nimm alles Gute, wozu mich dein Wandel angefeuert hat, nimm es als deines hin. Es sind noch deine guten Werke; dir müssen sie noch nachfolgen!"

Solche Empfindungen zu bewirken, und noch nach seinem Tode, so wie er es in seinem ganzen Leben gewesen war, Andern Belehrung und Ermunterung zu seyn, war gewiß die Absicht des sel. Schwarz, als er sein Leben zu beschreiben mir auftrug. Da es immer mein Lieblingsgeschäfte war, verdienstvolle Männer zur Nachahmung vorzustellen; so werden meine Leser selbst fühlen, wie angenehm mir ein solches Vertrauen eines Mannes gewesen seyn müsse, den ich mit ausnehmender Hochachtung verehrt, und dessen lehrreicher Umgang und freundschaftliches Wohlwollen mir unvergeßlich ist. Aus den vielen mir mitgetheilten Materialien und merkwürdigen Familiennachrichten werde ich das wesentlichste und zweckmässigste ausheben, und bey so vieler Gelegenheit und Versuchung weitläuftig zu seyn, mich so kurz als möglich fassen. Möchte diese Lebensbeschreibung ihre Absicht ganz erreichen, jeder Art von Lesern erbaulich und nützlich seyn, und allenthalben Nacheiferung erregen!

Fried=

**Friedrich Immanuel Schwarz,** der Philosophie und heil. Schrift Doctor, der Theologie zweyter ordentlicher Professor und Decemvir der Universität zu Leipzig, des hohen Stifts zu Meissen Capitularis, des Churfürstl. Consistorii zu Leipzig Beysitzer, des grossen Fürstencollegii Collegiat und des Montäglichen Predigercollegii Senior, war 1728 den 5ten März zu Lorenzkirchen, einem Marktflecken an der Elbe, im Meißnischen Kreise unter der Inspection Großenhayn, geboren. Sein Vater M. Johann Immanuel, war daselbst Prediger: ein Mann der sich durch Gelehrsamkeit und die größte Amtstreue eben so auszeichnete, als er durch seltene Leiden geprüft wurde.*) Seine Mutter **Charlotte Sophie, Georg Heinrich Sappuhns,**\**) ebenfalls Pastors zu Lorenzkirchen,

Tochter

---

*) Die 9 letzten Jahre seines Lebens war er blind, und langwierige und schmerzhafte Krankheiten quälten ihn. Seine ältesten versorgten Kinder raubte ihm der Tod. Im Jun. 1761 zündete ein Wetterstral die Wirthschaftsgebäude seiner Wohnung an und legte sie in die Asche. Vor Schrecken fiel eine erwachsene Tochter sogleich todt zur Erde, und ihn, von einem Schlagflusse gelähmt, trug man aufs Feld, und überließ ihn den Stürmen des Ungewitters, indem man ihn der Gefahr zu verbrennen nicht anders entreissen konnte.

\**) Sappuhn war ein zu merkwürdiger Mann, als daß er hier bloß genannt werden könnte, zumal da selbst

in

Tochter, nennt er in einem kurzen Aufſatze von ſeinem Leben, „ein Beyſpiel der Frömmigkeit, Demuth und Gedult,“ und bey der Nachricht von ihrem Tode hat er die Stelle aus dem B. Ruth 2, 12 hinzugeſchrieben: „Der Herr vergelte dir deine That, und müſſe dein Lohn vollkommen ſeyn bey dem Herrn dem Gott Iſrael, zu welchem du kommen biſt.“ Unſer Schwarz beſtätigt alſo Herrn Schlözers Urtheil, der den Landpredigerſtand
„das

in Büchern, die ſonſt ſorgfältig die Lebensumſtände der Sächſiſchen Prediger erzählen, ſeiner gar nicht gedacht wird. Er war zu Heilsberg im Stifte Ermeland in Polniſch-Preuſſen (ißt Weſtpreuſſen) 1660 geboren. Nachdem er auf dem Gymnaſio zu Röſel und nachher auf der Univerſität zu Königsberg Theologie ſtudirt, gieng er, um ſich eine gründliche Kenntniß der Polniſchen Sprache und Geſchichte zu erwerben, noch nach Cracau, und von da nach 2 Jahren, weil die Peſt die Studirenden zerſtreute, nach Schekoczin, einer Stadt an der Schleſiſchen Gränze, wo er von der adeligen Familie Koryczinski als Hauslehrer angenommen wurde. Hier lernte ihn der Graf Jebrydowky kennen, der ihn dem Rathe und der Bürgerſchaft zu Kirchdorf in der Graffchaft Zips, zum Prediger empfahl. Er war 19 Jahr alt, als er dieſen Ruf erhielt und dazu in Caſchau ordinirt wurde. Nach 3 Jahren wurde er als Diakonus an der deutſchen Kirche und Profeſſor am Gymnaſio nach Eperies berufen. Hier gerieth er bey den damaligen bürgerlichen und Religionsunruhen in Ungarn, in groſſe Lebensgefahr. Eperies wurde belagert, erobert, und die freye Religionsübung der Evangeliſchen gehindert. 3 Jahre hatte er hier gelehrt, als ihm 1685 nach ſeiner am Reformationsfeſte gehaltenen Predigt von einem vornehmen Officier gerathen wurde, ſchleunig

„das Seminarium für die berühmtesten Gelehrten und die würdigsten neuen Edelleute," nennt. *). Auch sein Großvater väterlicher Seite, Johann Andreas Schwarz, war Pastor zu Neunheilingen in Thüringen. Mit größter Dankbarkeit erkannte er die Sorgfalt seiner Eltern, die ihn früh zur Frömmigkeit und Tugend bildeten, und ausser ihm noch 3 Söhne und 4 Töchter wohl erzogen haben: auch hat er diese Dankbarkeit öffentlich durch die seinem 1762 verstorbenen Vater gehaltene Leichen-

nig zu entfliehen, wenn er sich nicht der größten Lebensgefahr aussetzen wollte. Er verließ also das Seine und gieng mit seiner Ehegattin, mit der er erst seit 16 Wochen verheurathet war, und einem zweyjährigen Stiefkinde, ins Exilium. Sachsen, welches mehrere seiner Landsleute wohl aufgenommen hatte, wurde seine Zuflucht, und bald sein zweytes Vaterland. Nachdem er sich in Leipzig eine kurze Zeit aufgehalten, verlangte ihn der damalige Superintendent zu Meissen, D. Zimmermann, ein geborner Ungar, zu sich. Hier predigte Sappuhn in der Domkirche, wo er einem seiner Zuhörer, Hannß Siegmund v. Pflug auf Kreynitz, so wohl gefiel, daß er ihn sogleich zum Pfarramte nach Lorenzkirchen berief. Er hat diesem Amte 34 Jahre vorgestanden und ist 1721 mit dem Nachruhme wahrer Frömmigkeit, grosser Geschicklichkeit (welches sein Briefwechsel mit Schurzfleisch, und seine schönen lateinischen Gedichte, die er im Manuscripte hinterlassen, beweisen) und unermüdeter Amtstreue, gestorben.

*) Staatsanzeigen. 21. Heft. S. 107. Ausser vielen andern sind folgende Landpredigersöhne Leipzig billig unvergeßlich: C. A. Crusius, J. M. Gesner, J. C. Hebenstreit, J. E. Hebenstreit, und J. G. Seger.

Leichenrede, und durch das auf seine Mutter geschriebene Denkmal an den Tag gelegt. Dieser frommen Eltern und Vorfahren Segen begleitete den dankbaren in ihre Fußtapfen tretenden Sohn sein ganzes Leben hindurch sichtbar.

Da ein älterer Bruder unsers Schwarz bereits studirt hatte;\*) so wollten ihn seine Eltern der Kaufmannschaft widmen. Allein seine grosse Neigung zu den Wissenschaften veränderte den Entschluß der Eltern. Sie übergaben ihn daher im 13ten Jahre seines Alters einem in Meissen lebenden geschickten Manne, der sich mit Unterweisung der Jugend beschäftigte, Namens **Erlmann**, wobey er zugleich die Stadtschule besuchte und vom Rector derselben **Green**, und Conrector **Cleemann**, sorgfältig unterrichtet wurde. Das Jahr drauf\*\*) hatte er das Glück, als Alumnus in die Kurfürstliche Landschule zu Meissen aufgenommen zu werden, in der er 6 Jahre blieb, und die treue Sorgfalt seiner Lehrer bey jeder Gelegenheit rühmte. Sein Fleiß und ganzes Betragen auf dieser Schule machte ihn allen seinen Mitschülern zum Muster; daher ihn seine Lehrer bey seinem Abgange dem Kirchenrathe und Oberconsistorio zu Dresden zu besonderer Unterstützung nachdrücklichst
empfahlen,

\*) Job. Immanuel, der 1749 als Pastor in Stahritz, in der Inspection Grossenhain im 27ten Jahre seines Alters starb.

\*\*) 1742. den 11. Oct.

empfahlen, auf welches Gesuch folgendes Rescript erfolgte:

„Von Gottes Gnaden Friedrich August, König in Polen ꝛc. Churfürst ꝛc. Uns ist aus euerm unterm 24 dieses erstatteten unterthänigsten Berichte geziemend vorgetragen worden, wie ihr darinnen den bißherigen Alumnum in unserer Landschule zu Meissen, Friedrich Immanuel Schwarzen, aus Lorenzkirch, wegen seines die Zeit seines sexennii über beständig erwiesenen Fleisses und Gehorsams, auch gründlich gefaßter Sprachen und Wissenschaften, nicht minder wegen seiner guten Geschicklichkeit in der Poesie, auch jederzeit geführten sittsamen Lebenswandels halber, zu einer öffentlichen Belohnung bey seiner bevorstehenden Valediction gehorsamst verbeten.

Wie Uns nun dessen Wohlverhalten zu besondern gnädigen Gefallen gereichet; Also sind wir gnädigst entschlossen, denselben mit einem academischen Stipendio auf Unserer Universität zu Wittenberg zu bedenken: Und begehren dahero hiermit, ihr wollet demselben das zu solchem Ende an gedachte Universität abgefaßte in Originali hier beyliegende Rescript, bey angeregter seiner Valediction in Gegenwart des gesamten Coetus ausantworten, und anbey die übrigen Alumnos zu gleichmässigem Wohlverhalten und gebührenden Fleisse anermahnen. Daran geschiehet Unsre Meinung. Dresd. am 30 Aug. 1748.

C. G. Graf v. Holzendorf.
C. F. Teucher, S. "

Dieß bey einer so feyerlichen Gelegenheit von dem Schulverwalter öffentlich abgelesene gnädige Rescript machte bey der ganzen Schule, am meisten aber bey unserm Schwarz, tiefen Eindruck, Froh eilte er nun mit dem besten Zeugnisse *) und mit Segenswünschen seiner Lehrer begleitet, nach Wittenberg, wo er auf den so gut gelegten Grund vor-

*) Ich füge dieses ehrenvolle Zeugniß auch als einen Beweis des damaligen Geschmacks bey.

### L. B. S.

In pecudibus, quarum foeturam sibi mercedem laborum, peculiumque, ex Labanis, soceri sui, grege Iacobus delegerat, furvae, seu nigrae, numerantur. Has Diis inferis, non superis, hostias profanae gentes destinabant, tenebricosis quippe, quos incolere credebantur, locis colore consimiles, nec a funereis ritibus alienas. Iacobus contra, nulla coloris ratione habita, et sibi, et Deo summo, si offerrentur, acceptas fore furvas, existimabat, quandoquidem ad offerentis animum, non ad sacrificii colorem, Deus soleat respicere. Iudaeorum quidem sacerdotes, candido vestitu indutos, sacra obiisse accepimus; sacrificulos contra profanarum gentium aliquos, praesertim qui Diis inferis immolabant, pulla: vnde et כמרים vocatos aliqui opinantur. Sed ex neutro colore aut sanctimoniae quicquam ministrorum, aut sacrificiorum religioni, accessit. Nigra si quando luctus, si fortunae calamitosae, si pravitatis ac malitiae signa censentur, mollietur eorum significandi vis, si violas etiam nigras, si vaccinia esse nigra, si denique fructus multos ante non maturescere, quam nigrescant, cogitemus.

Fridericus Immanuel Schwarz, nomine, non animo niger. Talem certe per annos paene sex, quos in illustri hoc Afraneo transegit, experti sumus, vt, niger quum vocaretur, Iacobi pii peculio tamen potius, quam iniqui Labanis, accensendus videretur. Nihil
ipsi

vortreflich fortbaute. Sein Hauptstudium war
die Theologie: da er aber bald einsah, welch ein
grosser Umfang von Kenntnissen zu einem guten
Theologen erfordert werde; so studirte er zugleich
alle die andern Wissenschaften, die mit der Theologie in Verbindung stehen, oder auf sie Bezie-
hung haben, mit grossem Fleisse. Von allen seinen

ipsi cum Diis inferis, illis credularum gentium terricula-
mentis, vnquam commune fuit, in id animum quippe in-
tendenti semper, vt summo, veroque Deo se offerret θυ-
σίαν ζῶσαν, ἀγίαν, εὐάρεστον. Ita quum, velut candidatus,
semper studeret incedere, id operam dedit quoque sedulo,
vt, quod ab infantia nigrum quasi caliginosa ignorantia tu-
lerat ingenium, candesceret doctrina et effulgeret. Quae
quidem res ei cessit tam feliciter, vt mentem linguis, La-
tina, Graeca, Ebraea, Chaldaea, Rabbinica, Gallica, et
disciplinis, quas tradimus, haud vulgariter excultam, denique et poetices facultate ornatam, animum autem prae-
ceptis et assuetudine honesti moris imbutum, publice com-
probare posset. Quod ipsum induxit nos, vt Augustissimo
Patri Patriae, ingenium eius literis reverentissime scriptis
commentaremus, annuumque ipsi in Academia Vitember-
gensi stipendium, industriae ac virtutis et praemium et
invitamentum, expeteremus. Quo mactus, vt pergat, quo
coepit, cursu studiorum ac morum, nec vnquam tristis ni-
gredinis notam affricet sibi, sed fructuum instar laetorum,
dum niger est, vt vsus patriae maturescat, discedentem
cohortamur sedulo, Deum comprecati suppliciter, vt, quod
molitur, feliciter perficiat! Perscripsimus in illustri Afraneo XVI. Kalend. Octobr. ƆƆIƆCCXXXXVIII.

(*L. S.*)
*Ioh. Georg. Schimmel*,
Praef.

M. *Theophilus Grabenerus*. Rect.
M. *Ioh. Gottfried Hoerius*. Conr.
M. *Christ. Fried. Weissius*.
M. *Sigism. Henr. Kauderbach*.
*Ioh. Albert. Klimmius*. Math.

nen Lehrern, die damals Zierden der Wittenbergischen Universität waren, lebt nur der einzige verdiente Hiller noch, den er in der Philosophie hörte: Die übrigen, deren Vorlesungen über die alte Litteratur, Mathematik, Geschichte, orientalische Sprachen und Theologie er fleissig besuchte, waren: von Berger, Weidler, Ritter, Sperbach, Georgi, Weickhmann und Hofmann. Alle diese würdige Männer liebten ihn als ihren fleissigsten und gesittetsten Schüler, und bestrebten sich um die Wette ihm nützlich zu seyn. Schon 1751 wurde er zum Custos der Universitäts-Bibliothek angenommen, welches ihm eine erwünschte Gelegenheit war, seine litterarische Kenntnisse zu vermehren. In eben diesem Jahre promovirte er in Magistrum, habilitirte sich nachher und wurde Adjunct der philosophischen Facultät, wobey er trefliche Beweise seiner Geschicklichkeit ablegte, sich in seiner lateinischen Schreibart als einen ächten Schüler Bergers zeigte, und Gründlichkeit mit Anmuth des Vortrags verband. Er erhielt daher auch gleich in seinen Vorlesungen über die Alterthümer, Geschichte und einige alte Schriftsteller, vielen Beyfall. Jünglinge von eben so erhabener Geburt als ausgezeichneten Fähigkeiten und Fleisse, die itzt die ersten und wichtigsten Stellen im Vaterlande begleiten, bedienten sich seines Unterrichts, und erinnerten sich desselben stets dankbar.\*) Es
schien

---

\*) Vorzüglich die Herren Grafen Detlev Carl v. Einsiedel und Jacob Friedemann v. Werthern. Erster schien also, als wäre er für die Wittenbergische Universität zum öffentlichen Lehrer bestimmt, zumal da ihm in dem Jahre 1754 von besagter Universität das Bibliothekariat anvertraut, er auch zum ausserordentlichen Professor der Alterthümer empfohlen wurde: jedoch ganz anders lenkte es die göttliche Vorsehung. Diese wollte ihn erst durch verschiedene Schul- und Kirchenämter führen, um ihn endlich als einen höchst brauchbaren und erfahrnen Lehrer der Theologie, der hiesigen Universität zu schenken.

Schon im April 1756 wurde er als Rector des Lycei nach Torgau berufen; und er verwaltete dieß Amt

ster (itzt Kurfürstl. Sächsischer Conferenzminister und wirklicher Geheimerrath, auch Ritter des Johanniterordens) hat ihm ausnehmende Beweise der dankbarsten Hochachtung und Zuneigung gegeben, und mit ihm von jener Zeit an, einen gelehrten Briefwechsel in lateinischer Sprache geführt, der den vortrefliche Religionsgesinnungen und gelehrten Einsichten dieses erhabenen Ministers wahre Ehre macht. Von seinen übrigen vielen Zuhörern in Wittenberg, haben sich folgende als gelehrte und brauchbare Männer vorzüglich ausgezeichnet:

Wilh. Heinr. Heydenreich, verstorben als Superint. zu Dahme.
Karl Friedr. Hofmann, verst. als Super. zu Schlieben.
Heinr. von der Hude, Pastor an der Marienkirche zu Lübeck, der unter Schwarzen in Wittenberg disputirt, und einen beständigen gelehrten Briefwechsel mit ihm unterhalten hat.
Joh. Heinr. Mücke, Rector der Landschule zu Grimma.
Aug. Lebr. Wilke, verstorben als Super. zu Zeiz.

Amt mit solcher Treue und Sorgfalt, daß er sich die innigste Hochachtung der ganzen Stadt erwarb. Als er daher schon zu Anfang des folgenden Jahres einen Ruf zum Rectorate der Stadtschule in Wittenberg erhielt; gab sich der Stadtrath zu Torgau die größte Mühe ihn zu bewegen, bey seiner bißherigen Stelle zu bleiben. In einem Schreiben, welches gedachtes Rathscollegium unterm 18ten Febr. 1757 deßhalb an ihn ergehen lassen, heißt es: „Kaum hat es uns geglückt, in Dero sehr werthen Person der Wieder-Aufnahme und dem Flor unserer Schule mit Zuversicht entgegen zu sehen, als wir von einer vorseyenden anderweiten Beförderung Nachricht erhalten. Sie können nach Dero Redlichkeit und Einsicht von selbst ermessen, daß uns dieselbe um so mehr rühren müsse, je überzeugender die Hochachtung ist, welche wir Dero Treue und Gelehrsamkeit schuldig sind ꝛc." — Er gab diesen Vorstellungen Gehör: und wie sehr mußte er sich nicht nachher dieses Entschlusses freuen, da Wittenberg wenige Jahre darauf belagert und schrecklich verwüstet wurde!

Jedoch nur kurze Zeit war er in Torgau zu bleiben bestimmt. Verdienste nicht nur erkannt, sondern auch belohnt zu sehen, macht jedem desto mehr Vergnügen, je öfter der Ausspruch des Dichters eintrifft: Probitas laudatur et alget. Im Monat März 1758 wurde unserm Schwarz das wichtige Rectorat der Kurfürstlichen Landschule zu Grimma

Grimma aufgetragen. Das hohe Alter und die lange Kranckheit des bißherigen Rectors Schuhmachers hatte auf die Schule nicht den vortheilhaftesten Einfluß gehabt. Schwarz schien also dem Kurfürstlichen Kirchenrathe und Oberconsistorio der Mann zu seyn, der durch seine Gelehrsamkeit, Klugheit, Auctorität und liebreiches Wesen dieser Schule am besten vorstehen würde: und er erfüllte auch alle diese Hoffnungen und Erwartungen vollkommen. Noch itzt sind seine damaligen Schüler sehr beredt, wenn sie sich seines Unterrichts erinnern.\*)

Kaum war er 2 Jahre in Grimma gewesen, so erhielt er durch eine feyerliche Deputation des Raths und der Bürgerschaft in Torgau, den Antrag zum Archidiakonate daselbst: allein der ausgebreitete Nutzen, den er in Grimma stiften konnte, erlaubte seinem Herzen nicht, ihm zu folgen. Jedoch bald kam ein abermaliger Ruf, den er abzulehnen Bedenken trug, und der ihn, nachdem er

4 Jahre

---

\*) Einige derselben, Hrn. D. A. M. Birkholz, Facult. Med. Assess. Hrn. D. J. A. G. Kind, Iur. Sax. Prof. Ord. Oberhofgerichtsbeysitzer und Syndikus der Universität, Hrn. D. C. G. Richter, Iur. Prof. Extr. und Hrn. D. J. A. Wolf, Theol. Prof. Extr. und Diak. an der Niklaskirche, hatte er das Vergnügen nachher in Leipzig wieder zu finden, und er nahm an den Ehrenstellen, zu welchen sie erhoben wurden, und an dem Guten, das sie stifteten, den herzlichsten Antheil, und bezeigte es Ihnen mehrmals öffentlich auf die rührendste Weise.

4 Jahre in Grimma gelehrt hatte, als Pastor primar. und Superint. nach Penig versetzte. Seine deshalb bey dem Kirchenrathe und Oberconsistorio zu Dresden abgelegten Specimina fanden nicht nur Beyfall, sondern Bewunderung. Einer seiner Freunde schrieb ihm: "Gewöhnlich wird vom Oberconsist. ins geheime Consilium berichtet, daß das Subjekt sich so verhalten, daß ihm das Amt wohl könne aufgetragen werden. Noch keiner aber, als Sie, kann sich rühmen, daß von ihm gesagt worden: der sich dergestalt geschickt erwiesen, daß ihm das Amt wohl und mit gutem Nutzen könne aufgetragen werden." Im Monat März 1763 kam er in Penig an, arbeitete in dieser für ihn neuen Sphäre mit dem glücklichsten Erfolge, und fand, wie billig, bey seiner Gemeinde und der ganzen ihm untergebenen Diöces die größte Liebe, die sie auf alle nur ersinnliche Art gegen ihn an den Tag legten. Der Ruf seiner erbaulichen und rührenden Art zu predigen verbreitete sich, und er erhielt schon im Febr. des folgenden Jahres den Antrag als Superint. nach Borna. Dieß erregte aber bey seinen bisherigen Zuhörern große Betrübniß. Durch die beweglichsten Vorstellungen suchte man ihn in Penig zu behalten. Der Stadtrath in Corpore überbrachte ihm ein rührendes Schreiben, worinn der bißherige grosse Nutzen, den er gestiftet, ihm ans Herz gelegt und zum Beweggrund gemacht wurde, länger bey ihnen zu bleiben. Sämmtliche Kauf= und Handelsleute thaten in einem be=
son=

sonderen Schreiben ähnliche Vorstellungen, und sogar Briefe von Ungenannten wurden des Nachts in sein Haus geworfen, die voll der innigsten Liebe und Verehrung waren, und in denen man ihn aufs rührendste bat, Penig nicht zu verlassen. Da ihm ganz unwissend die einstimmige Wahl des Raths in Borna auf ihn gefallen; da einsichtsvolle Theologi und andere Freunde, die er um Rath gefragt, ihm diesen Ruf anzunehmen riethen; so kam er dabey in grosse Unruhe. Endlich überließ er es dem Kirchenrathe zur Entscheidung, welches er dem Rathe zu Penig in folgendem Schreiben, das seine liebenswürdige Bescheidenheit und Dankbarkeit ganz ausdrückt, meldete.

„Hoch = und Wohl=Edle!
Großachtbare und Wohlweise Herren!
Hochzuehrende Herren und Werthgeschätzte Freunde!

Ob ich wohl gleich bey meinem ersten Eintritte in diese mir von ganzem Herzen werthe und liebe Stadt, wie die ganze Zeit meiner Amtsführung allhier, eine ganz unverdiente und sonderbare Liebe, sowohl E. E. und W. W. Raths, als auch der gesamten werthen Bürgerschaft gegen mich, zu ungemeiner Freude meines Herzens verspühret habe, davon ich das dankbare Andenken mit ins Grab nehmen werde; so habe ich doch nie die so seltene Grösse der ganz sonderbaren Liebe und Zuneigung des Herzens dieser theuersten Stadt und Ge-

B meinde

meinde so vollkommen gekannt, als ich dieselbe in diesen Tagen kennen lernen. Glauben Sie, hochzuehrende Herren und werthgeschätzte Freunde! daß mir die Liebe und Zuneigung, die Ausdrücke und Beweise, durch welche Sie dieselbe mir zu erkennen gegeben, das Herz ganz durchdrungen, und auf das allerempfindlichste gerühret haben. Ich müßte unempfindlich und einer so großen Liebe in der That gänzlich unwürdig seyn, wenn ich nicht die Vorstellung mit der größten Rührung meines Innersten zu Herzen nehmen wollte, womit Ewr. in Dero und der gesamten Bürgerschaft Namen, wie nicht weniger E. wohllöbl. und ansehnliche Kaufmannschaft allhier, ingleichen die Kirchenvorsteher, Richter und Schöppen der Gemeinden in den Vorstädten, mich von Annehmung des mir angetragenen Rufs nach Borna zurückzuhalten, auf das liebreichste, ja zärtlichste bemüht gewesen sind.

Nein! diesen Vorwurf lasse der barmherzige Gott meinem Herzen niemals zu Schulden kommen. Ich weiß, daß eine so sonderbare Liebe einer Gemeinde gegen ihren Lehrer, der sich noch durch nichts, als seine gute Meynung und innigste Zuneigung seines Herzens gegen dieselbe, um Sie hat verdient machen können, nicht von der Welt, sondern von Gott sey, und daß sie als ein untrügliches Zeugniß des größten Seegens Gottes in meinem Amte mit dem demüthigsten Danke des Herzens aus seiner Liebes- und Seegenshand anzunehmen sey, mich auch zu aller nur ersinnlichen Gegenliebe gegen eine so theuere und werthe Gemeinde verbinde. Es ist wahr,

der

der angetragene Ruf nach Borna, welchen mir, wie Denenselben bekannt, zwey vornehme Abgeordnete E. W. W. Raths daselbst zu erkennen gegeben, hat nicht undeutliche Merkmahle eines göttlichen Rufs, da ich keinen Menschen in dieser guten und werthen Stadt gekannt, am allerwenigsten aber mir in den Sinn kommen lassen, daß man mich daselbst kennen oder an mich denken werde, die Herren Abgeordneten auch mich auf das heiligste versichert, daß sie diese Sache in den besten Absichten und unter wahrhaftig herzlichem Gebete unternommen. Liesse mich nun das theuerste Penig ohne Widerrede in diesen Ruf willigen, so fände ich mich in meinem Gewissen verbunden, denselben sofort anzunehmen und mich nicht vorher mit Fleisch und Blut darüber zu besprechen. Allein, da Sie, hochgeehrteste Herren und werthgeschätzte Freunde! da E. wohllöbliche und ansehnliche Kaufmannschaft, da die gesamte hochwertheste Bürgerschaft dieser Stadt, da endlich die sämtlichen werthen und lieben Gemeinden der hiesigen Vorstädte schriftlich und mündlich, ingleichen viele einzelne Glieder der gesamten lieben Kirchfarth mir die bündigsten Vorstellungen darwider gemacht, und also offenbar mir einen Gegenruf gegeben, welchen, da er einzig und allein aus einer grossen, wiewohl ganz unverdienten Liebe, herkommt, ich mit größter Ehrfurcht vor Gott auch als göttlich anzusehen habe, so bekenne ich, daß ich für mich selbst zu schwach und ganz unvermögend bin, den eigentlichen göttlichen Willen hierinnen einzusehen. Ich bin daher mit Gott entschlossen, nach dem Rathe unserer bewährtesten Gottesgelehrten, welche die Gewisfensſachen mit gröſter Einſicht abgehandelt haben, nächſt Gott alles pur lediglich dem hohen und weiſen Ausſpruch E. hochpreißlichen Kirchenraths zu überlaſſen, und daraus Gottes Willen zu erkennen. Gebe aber zugleich hiermit wohlbedächtlich und vor Gott, der Herzen und Nieren prüfet, die Erklärung von mir, daß, daferne E. hochpreißlicher Kirchenrath den Ausſpruch dahin zu thun geruhen ſollte, daß ich Gott noch länger in ſeinem ſchönen Heiligthum zu Penig dienen ſollte, ich mit groſſer Freudigkeit und mit völliger Zufriedenheit meines Herzens allhier bleiben, und mein Amt fernerhin in der Kraft, die Gott darreichen wird, führen will und werde. Der Herr unſer Gott vergelte Ihnen und dieſer ganzen lieben Stadt die groſſe und unverdiente Liebe, welche Sie mir durch dieſen Gegenruf als das untrüglichſte Merkmahl davon zu erkennen gegeben haben, mit groſſem Seegen in irrdiſchen und himmliſchen, in Zeit und in Ewigkeit. Die Gnade Gottes und unſers Herrn Jeſu Chriſti ſey mit Ihnen allen! Ich verbleibe unter Verſicherung meines andächtigen Gebets und wahrer herzlichen Gegenliebe

Ewr. Hochwohledl. und Wohlweiſen,

meiner hochgeehrteſten Herren und Freunde,

Penig,
den 18. Febr. 1764.

ganz ergebenſter
M. F. J. Schwarz.

Nun wendeten sich Rath und Bürgerschaft zu Penig, und vorzüglich auch der Hr. Graf von Schönburg-Wechselburg, dem Penig gehört, mit den dringendsten Vorstellungen an den Kirchenrath, der endlich ihn in Penig zu lassen für gut fand. Merkwürdig ists, was der Rect. Krebs in Grimma, in einem um diese Zeit an Schwarzen geschriebenen Briefe sagt: „Es würden Ewr. Hochehrw. in Borna eben so wenig als in Penig gestorben seyn: nam haec duo oppidula Te non capiunt. Und unter demselben dato (d. 11ten Mai 1764) schrieb ihm der damals eben von seinen Reisen zurückgekommene Hr. Gr. J.F. von Werthern:\*) „Daß Ewr. Hochehrw. ein so ansehnliches Amt in Penig verwalten, ist eine billige Belohnung Ihrer Verdienste, die so bekannt sind, daß sie daselbst nicht lange werden gelassen werden. Männer von solchen Verdiensten sind so selten, daß man wohl genöthiget ist, ihnen nachzustellen. Dieß wird Ew. H. noch oft widerfahren: und das mit Recht." Pünktlich traf dieß ein. Schon im folgenden Jahre 1765 wurde ihm die Superintendur in Waldenburg angetragen, und im Sept. 1766 fragte D. Ernesti in Leipzig, auf Veranlassung des Prem. Ministers v. Münchhausen in Hannover, bey ihm an, ob er zum Professor der Theo-

---

\*) Izt Kurfürstlich Sächsischer wirklicher Geheimerrath und Kammerdirector in Zeiz, des Königlich Polnischen weissen Adlerordens Ritter.

logie in Göttingen Lust habe? Er blieb aber noch in Penig, und nahm im J. 1768 zu Wittenberg die theol. Doctorwürde an. Durch die dabey edirten Specimina und verschiedene andere herausgegebene gute Schriften empfahl er sich aufs neue, und machte sich zu immer höhern Stellen fähiger und würdiger. Im J. 1770 wurde er zum Stiftssuperintendent, Consistorialassessor und Schloßprediger nach Zeitz berufen. So sehr es ihm nun nahe gieng, Penig, wo er äusserst vergnügt lebte, und wo jedermann ihm täglich Proben der ausgezeichnetesten Verehrung und Liebe gab, zu verlassen; so wurde es ihm doch von so viel andern Seiten zur Pflicht gemacht, diesem Rufe zu folgen, daß er ihn endlich annahm. So schrieb ihm z. B. sein Schwiegervater der General-Superint. und Professor primarius D. Hofmann zu Wittenberg: "Nach Zeitz zu gehen rathe ich, weil Sie dadurch Gelegenheit bekommen mit den verliehenen Gnaden-Gaben mehr, als in Penig, zu dienen. Sie kommen in das Stiftsconsistorium, haben die Aufsicht über viel Stipendia und gute Stiftungen, examiniren, ordiniren, können bey der Besetzung der Pfarr- und Schuldienste Gutes stiften ꝛc." Und dieß Gute stiftete er auch wirklich in reicher Maße, ungeachtet er lange nicht so vergnügt wie in Penig lebte, sondern von Neid, Haß und Verfolgung einiger, die ihm ungerne sich vorgezogen sahen, viel leiden mußte. Doch wurde er durch aller Gutdenkenden Hochachtung und Liebe reichlich

schadlos

schadlos gehalten: und sein wahrhaftig christliches Betragen gegen seine Feinde, an denen er sich nur durch Großmuth und die wichtigsten Dienstleistungen rächte, für die sie ihn aufs neue mit dem schändlichsten Undanke belohnten, verwandelte aller Rechtschaffenen gegen ihn bisher erwiesene Hochachtung in Bewunderung.

Er war noch kein Jahr in Zeitz gewesen, als er schon wieder unter den ehrenvollsten Umständen einen Antrag zur Stifts=Superintendur in Merseburg erhielt. Er lehnte ihn aber ab, und führte in einem darauf ertheilten Antwortschreiben zur Haupturfache die kurze Zeit an, seit welcher er erst in Zeitz wäre. Im folgenden Jahre 1771 kam er in Vorschlag als Professor der Theologie nach Wittenberg. Dieß widerrieth ihm aber selbst sein Schwiegervater D. Hofmann, der sich darüber in einem Briefe also ausdrückt: „Aus inliegendem sehr gnädigen Brief des Hrn. Geh. R. v. Globig sehen Sie, wie gerne man Sie nach Wittenberg haben möchte, und daß alles schon parat liege; nur kommt es auf Sie an, ob Sie Ja sagen wollen. Das Zutrauen ist groß, aber auch gegründet, und ich bin mit des Hrn. Geh. Raths Gesinnungen gänzlich eins.*) Aber ich werde dennoch zu die=

*ser*

---

*) In diesem Briefe schreibt der Geh. Rath. v. Globig an den General=Superint. Hofmann: „Man weiß zuverlässig, daß Hr. D. Körner nicht von Leipzig weggehen will. Ob der von der theol. Facultät primo loco vorgeschlagene, allerdings würdige, gelehrte und

ser Veränderung schwerlich rathen können. Der Unterschied der Einkünfte ist zu groß. Wenn auch gleich 600 Rthl. baares Geld allhier zu hoffen; so gehen doch für Logis und Holz gerne 100 Rthl. davon ab. — Hier mache ich nach der neuen Façon einen Strich, damit Sie nach Belieben noch vieles hinzu denken können. Bey mehrerer Ruhe, die Sie hier hätten, wäre noch die Frage: ob nicht öftere Motion Ihnen zuträglicher sey? Wenn es nach Leipzig gehen sollte, wollte ich gerne dazu rathen, wiewohl ich auch den itzigen Antrag Ihnen lediglich überlasse rc." Und dieser Wunsch Hofmanns wegen Leipzig gieng noch nach seinem Tode in Erfüllung. Denn obgleich Schwarz zum Hauptpastorate an der Peterskirche in Hamburg, und zur Superintendur in Lübeck in Vorschlag war, und den Ruf zur Superindentur in Chemnitz wirklich erhielt; so kamen doch zum Glück für Leipzig diese Vorschläge nicht zu Stande, sondern er sollte der Unsrige werden.

Als unsere Universität im Jahr 1777 ihren verdienten Thalemann durch einen frühen Tod verlohren hatte, kam er zur vierten theologischen Stelle

und treflich begabte Stifts-Superint. Herr Doct. Schwarz die Profession annehmen würde, dieses wünsche ich durch Ew. Hochwürden positive zu erfahren. Hiesigen Orts ist man durchgängig entschlossen, ihm solche Stelle zu ertheilen. Sobald Ew. H. mich versichern, daß er dem Rufe folgen werde, so sollen sogleich die gewöhnlichen Expeditiones erfolgen. Die Universität und Stadt hätte sich bey der Acquisition dieses Mannes zu gratuliren."

Stelle in Vorschlag. Ungeachtet er sich hierdurch in seinen Einkünften ansehnlich verschlimmerte; so folgte er doch willig dem Wunsche der einsichtsvollen Vorgesetzten unserer Universität, und dem Rufe des gnädigsten, für das wahre Wohl seines Landes unermüdet sorgenden Landesvaters. In einem vorhandenen Schreiben an den Geh. R. und Oberconsistorialpräsident v. Globig erklärte er sich: „ich würde diese Stelle wegen des mehrern Nutzens, der auf einer solchen Universität geschafft werden kann, allen andern praeferiren, und versichere, daß ich sie anzunehmen und mit möglichstem Fleiß und Treue zu verwalten von Herzen bereit bin." Und so kam er im J. 1778 nach Leipzig und hielt sein gethanes Versprechen, „der Universität mit möglichstem Fleiß und Treue zu nützen" aufs pünctlichste.

Er erfüllte nicht nur die Erwartungen, die man hier von ihm hatte, sondern er übertraf sie. Gleich bey seiner Disputation pro Loco zeigte er den Umfang seiner gelehrten Kenntnisse dergestalt, daß er allgemeinen Beyfall und die gerechtesten Lobsprüche erhielt. Vorzüglich wurde der damalige Dechant der philosophischen Facultät, der um unsre Universität unsterblich verdiente Hofr. Böhme, welcher ihm als einem fremden Magistro opponiren mußte, von seiner gründlichen und ausgebreiteten Kenntniß der Geschichte so eingenommen, daß er ihm seine ganze Hochachtung und Freundschaft schenkte, so wie sich jeder Patriot

über

über diese neue Zierde unserer Universität innigst freute. Sein Vortrag erstreckte sich auf alle Theile der theologischen Gelehrsamkeit, die er gründlich und mit grosser Deutlichkeit, oft vor mehr als 200 Zuhörern lehrte, vorzüglich aber glänzte er in der Kirchengeschichte, in den orientalischen Sprachen, und als Prediger. Seine Themata waren sehr glücklich gewählt, und zeigten von nicht gemeinem Erfindungsgeiste: seine Predigten arbeitete er sorgfältig aus, und sie waren dem Bedürfnisse aller seiner Zuhörer angemessen. Man fühlte es, daß er aus Ueberzeugung redete und es mit seinen Zuhörern wohl meinte. Biblische Geschichten wußte er so gut zu erzählen, Kernsprüche so glücklich anzubringen, und alles mit solcher Würde und Anstand vorzutragen, daß jeder seiner Zuhörer zu einem hohen Grade des Ernstes und der Andacht gestimmt, und wahre Erbauung befördert wurde.

So wie man seine Verdienste immermehr erkannte; so fanden sie auch je mehr und mehr Belohnungen, die für sein der Universität gebrachtes Opfer ein billiger Ersatz waren. Er wurde zu seinem Vortheile aus der Meißnischen in die Sächsische Nation versetzt, er erhielt die Assessur im hiesigen Consistorio, und nachher die 3te und endlich die 2te Stelle in der theologischen Facultät, mit den damit verbundenen Canonicaten in Zeiz und Meissen: Er wurde von den Collegiaten des grossen Fürstencollegii zu ihrem Mitgliede, auch im Sommer des J. 1785 zum Rector der Universität erwählt.

Und

Und allen diesen mannichfaltigen Aemtern stand er mit ununterbrochenem Eifer und einer grossen Thätigkeit vor. Nach des seligen Körners Tode war er über ein Jahr lang der einzige Theolog im hiesigen Consistorio, — was das sagen will, können nur die, die dieses Collegium kennen, dem 23 Superintenduren und geistliche Inspectionen untergeordnet sind, beurtheilen, — und zu gleicher Zeit verwaltete er das höchstbeschwerliche Rectorat. Zur Arbeitsamkeit und Fleiß von Jugend auf gewöhnt, blieb er dieser überhäuften Geschäfte ungeachtet, immer heiter, und verrichtete alles, was ihm oblag, mit pünktlicher Ordnung und mit bewundernswürdiger Leichtigkeit. Um eben diese Zeit erhielt er vom Kurfürstl. Kirchenrathe den Auftrag ein neues Lehrbuch der christlichen Glaubenslehre zu schreiben, woran er mit grossem Fleisse gearbeitet hat, und welches gewiß, wenn er es hätte vollenden können, den Beyfall aller Kenner erhalten haben würde; so wie er sich überhaupt als Schriftsteller durch grössere meisterhafte Werke ausgezeichnet haben würde, wenn ihm seine Geschäfte mehr zu schreiben erlaubt hätten.

Mit zuvorkommender Gefälligkeit diente er jedem, soviel nur seine Kräfte vermochten. Er wurde über manche Vorschläge zu Verbesserungen in Kirchen- und Schulsachen um Rath gefragt, und er hat hie und da durch gründlich gefertigte Schriften, die nicht im Drucke erschienen sind, und ohne daß

daß es das Publicum wußte, daß er dabey gewürkt, viel gutes gestiftet. Aus manchem dieser Aufsätze habe ich neue mir zuvor unbekannt gewesene Seiten seines Eifers fürs gemeine Beste kennen gelernt. Treu dem Lehrbegriffe der evangel. lutherischen Kirche; war er ein Muster ächter Toleranz: Er haßte keinen Andersdenkenden, und widersezte sich keiner nöthigen Verbesserung der gottesdienstlichen Gebräuche. Willig legte er daher selbst Hand an, als für hiesige Universitätskirche vor einigen Jahren ein neues Gesangbuch verfertigt wurde. Seine lange Erfahrung in so verschiedenen Aemtern, und seine genaue Kenntniß dessen, was man Verfassung nennt, machten ihn in Consistorialsachen und allem, was zur Pastoralklugheit gehört, zum Orakel.

So sorgfältig er nun die öffentlichen Pflichten seines Amts erfüllte, und eingedenk des Ausspruchs eines berühmten Kirchenlehrers:[*) ] „Kräftiger reden die Werke als die Worte" seine Lehren durch einen exemplarischen Wandel bestätigte; eben so erfüllte er auch die häußlichen Pflichten als der gefälligste Gatte und sorgfältigste Vater. Seit dem Jahre 1758 war er mit Fr. Rahel Elisabeth geb. Hofmannin, Tochter seines Lehrers, des ehemaligen verdienten Professoris prim. Theol. und General=Superint. zu Wittenberg D. Carl Gottlob Hofmanns, verheurathet. Diese Ehe war mit

---

*) Validior est operis quam oris vox. Bernhardus.

mit 2 Söhnen gesegnet, wovon der jüngere im Jahr 1761, den Tag nach seiner Geburt, wieder verstarb, der ältere aber, Hr. M. Friedrich Gottlob Immanuel Schwarz, ist seit 1782 Pastor zu Plenschütz und Plotha in der Inspection Weissenfels.)

Sein äusseres Leben war ganz einfach. Er lebte im höchsten Grade frugal, mit wenigem vergnügt, immer demüthig, gelassen in Leiden und geduldig in Trübsalen. Nie fieng er einen Tag seines Lebens an, ohne einen Abschnitt der heiligen Schrift in der Grundsprache gelesen und betrachtet zu haben. Sehr rührend sind die frommen Gedanken, die er oft und besonders bey merkwürdigen Vorfällen seines Lebens angemerkt hat. So hat er z. B. als er zum Collegiaten des grossen Fürstencollegii erwählt worden, die Stelle Ps. 5, 13. „Du Herr segnest die Gerechten, du krönest sie mit Gnaden, wie mit einem Schilde," und die dankbarsten Wünsche für diejenigen, denen er diese Stelle zu verdanken hatte, hinzugeschrieben. Es galt recht eigentlich von unserm Schwarz, was Clemens von Alexandrien von sich und seinen Mitarbeitern schreibt: „Nichts reden wir ohne die heilige Schrift." *)

Auch ausser seinen Amts= und Berufsgeschäften machte er sich auf alle nur mögliche Weise um

seine

*) άδεν άτερ γραφης λεγομεν.

seine Nebenmenschen verdient. Geschickte und rechtschaffene Männer hervorzuziehn, sie nachdrücklich zu empfehlen, und ihnen zu Beförderungen zu verhelfen, ließ er sich äusserst angelegen seyn. Sehr viele danken ihm ihren Wohlstand: und von diesen hab ich eine Menge Briefe gefunden, worin sie ihn „ihren Vater" nennen; worüber ich mich desto mehr gefreut habe, da besonders in unsern Tagen, nichts geschwinder vergessen zu werden pflegt, als empfangene Wohlthaten. — Er war der beste Rathgeber seiner Zuhörer und aller, die sich seines Raths bedienen wollten. Väterlich sorgte er insbesondere für seine Anverwandten,\*) und für die ihm von seinen Freunden empfohlenen hier studirenden Jünglinge. Unterdrückten beyzustehen, Mißhelligkeiten vorzubauen, streitende Partheyen zu versöhnen, unter seinen Collegen Freundschaft und immer gutes Vernehmen zu erhalten, war er unaufhörlich bemüht. Ausnehmende Beweise der

Großmuth

---

\*) Von seinen Geschwistern sind noch am Leben:

1. Fr. Salome Christiana, verheurathet mit Hrn. M. Joh. Theod. Lingke, Superint. zu Torgau.
2. Fr. Augusta Benedicta, verheurathet mit Hrn. Gottlob Siegm. Ermel, Kaufmann in Grimma.
3. Hr. Gottfr. Immanuel, wählte den Militärstand und steht als Sergeant bey der Holländischen Fußgarde im Haag, wo er seiner ausserordentlichen Grösse und Schönheit, auch guten Betragens wegen viel besondere Gnadenbezeugungen von dem Erbstatthalter genossen hat.
4. Hr. M. Andreas Immanuel, Diak. in Frohburg.

Großmuth hat er gegen seine Feinde an den Tag gelegt, und mit recht grosser Bemühung und Anstrengung für ihr Glück gearbeitet. Nirgends finden sich in seinen Pappieren Klagen und Unwillen über ihre harten Beleidigungen, und nur ein einzigesmal sagt er in einem Briefe an den sel. D. Ernesti: „es sey ihm in Zeiß viel Böses ungestraft erzeigt worden." *)

Einer so herrlich ausgeschmückten Seele war auch eine schöne Wohnung zu Theil geworden. Ansehnliche Länge des Körpers zeichnete ihn aus. Freundlichkeit und Sanftmuth blickte aus seinem heitern Gesichte, und sein blosser Anblick flößte Hochach=

---

*) Dieß galt doch nur von zwey dasigen Predigern. Die übrigen waren seine desto grösseren Verehrer, wovon sich hauptsächlich die Herren Rudorf, (ißt Superintendent in Weissenfels) Strauß, (ißt Oberpastor zu Reichenbach im Voigtlande) und Berger auszeichneten. Wie sein würdiger Nachfolger in Zeiß, der Superint. Wilke von ihm geurtheilt, erhellet aus vielen Briefen, in deren einem vom 25sten Dec. 1778 folgende Stelle befindlich ist: „Noch ist bey unserer lieben Schloßgemeinde die Betrübniß, Sie verloren zu haben, allgemein, und unzählbare Thränen werden darüber unaufhörlich fliessen. So viel ich dadurch verliere, einen so verehrungswürdigen von allen einsichtsvollen und rechtschaffenen geliebten, verehrten und bewunderten Vorgänger gehabt zu haben, so muß ich mich darüber ungemein freuen, daß ich dadurch einige Liebe und Zutrauen erlangt, weil man an mir bemerket, daß ich dem vortreflichen Muster, welches Ewr. Hochwürden mir hinterlassen haben, mich einigermassen zu nähern suche, so überzeugt ich auch bin, daß ichs nie erreichen werde. ꝛc."

Hochachtung ein. Seit den leztern 15 Jahren nahm die Dicke seines Körpers sehr zu, welche ihn jedoch so wenig verstellte, daß sie vielmehr seine Grösse nur desto ansehnlicher machte.

Ungeachtet ihm diese Stärke viel Beschwerlichkeit verursachte; so schien doch die Munterkeit, mit der er alle seine Geschäfte verwaltete, ihm ein längeres Leben zu versprechen. Auch hat er immer einer dauerhaften Gesundheit genossen, und es war daher desto merkwürdiger, da er in der dem sel. Körner gehaltenen Gedächtnißpredigt*) sagte: „er werde seinem Freunde bald nachfolgen." Und seit dieser Zeit klagte er über Engbrüstigkeit, und man bemerkte, daß seine Füsse zu schwellen anfingen. Doch verließ ihn dabey seine gewöhnliche Heiterkeit nicht, und er ließ sich dadurch so wenig in seinen Berufsgeschäften hindern, daß er den Tag zuvor, ehe er aufs Krankenlager geworfen wurde, noch zu Fusse in das von seiner Wohnung ziemlich entfernte Consistorium gieng: allein auf einmal am 21sten Octobr. 1786, wurde er von einem Entzündungsfieber und angehenden Brustwassersucht so heftig angegriffen, daß die geschicktesten Aerzte seinen Tod befürchteten, der auch am 4ten Tage seiner Krankheit erfolgte. Er sah ihm mit der Gelassenheit und Heiterkeit eines wahren Christen entgegen, unterhielt sich mit seinen Freunden lebhafter, als es die Krankheit zu verstatten schien,

verrich-

*) den 2ten Jan. 1786.

verrichtete immer noch einige seiner Berufsgeschäfte und machte sich durch Dienstfertigkeit und Gefälligkeit noch am Rande des Grabes um Andere verdient. Er fühlte die Annäherung seines Todes so, daß er eine Stunde zuvor, Schriften und andere der Universität gehörige Sachen an die Behörde überschickte, und nun ganz frey von irdischen Geschäften so sanft einschlief,*) daß es die Umstehenden kaum merkten. Was sich Luther wünschte, wenn vom Tode geredet wurde: Velociter, feliciter! das traf bey diesem seinen treuen Verehrer und Nachfolger, der nie Luthers Namen ohne dankbare Empfindung nannte, ein. Ohne lange, schmerzhafte Krankheit wurde er geschwind in die ewigen Wohnungen des Friedens hinüber versetzt, nachdem er sein Leben auf 57 Jahre und 7 Monate gebracht hatte.

Allgemein war der Eindruck den sein Tod machte, da nur wenige etwas von seiner Krankheit gewußt hatten. Die aufrichtige Trauer nicht nur seiner Collegen und Freunde, sondern der ganzen Stadt, und die Thränen Unzähliger, die er an so vielen Orten unterrichtet, erbauet und getröstet hatte, sind sein schönstes Monument. Merkwürdig war es auch, daß eine Stunde nachher sein dankbarer, gründlich gelehrter ehemaliger Schüler, Hr. Professor Richter, seine Antrittsrede hielt, in welcher er den Tod seines Lehrers auf eine höchst

*) den 25sten October, früh um 8 Uhr.

höchst rührende Art vor seinem zahlreichen, gleichfalls tiefgerührten Auditorio beklagte.*)

Stets sey das Andenken dieses Mannes geehrt, und Dank sey dem gesagt, der ihn unserm Zeitalter schenkte, und dahin stellte, wo er so viel Gutes wirken konnte!

Möchte es doch der göttlichen Vorsehung gefallen, unsre Universität ferner, wie bisher, einen Sammelplatz nicht nur gelehrter, sondern auch wahrhaftig weiser Männer bleiben zu lassen, die durch Lehre und Beyspiel den Werth der christlichen Religion und ihre alles beseligende Kraft anschauend beweisen, sich der Weichlichkeit, dem Leichtsinn, und dem alle Keime des Guten erstickendem Luxus widersetzen, und der daraus folgenden Gewohnheit alles nur superficiell zu lernen, mächtig entgegen arbeiten. Nur solche Männer werden die itzige französische Modephilosophie, die weder an Gott, noch an die Zukunft, glaubt, und es für absurd erklärt, eine ewige Existenz zu begehren,*) von unsern deutschen Lehrstühlen, wo

Mos=

*) S. Oratio de intereuntis iurisprudentiae humanioris caussis, recitata a *Christ. Gottl. Richtero*.

*) wie kürzlich besonders in der Instruction du Peuple. Paris, *avec Approbation & Privilege du Roi*, geschehen ist, deren Verfasser vom königlichen Censor un de nos premiers officiers de la morale im vollen

Ernste

Mosheim, Crusius und Gellert\*) eine ganz andere Moral lehrten, entfernen. Möchte doch bis ans Ende der Welt von Leipzig gesagt werden können, was schon Erasmus rühmte,\*\*) „daß aus hiesiger Universität unzählige gelehrte und tugendhafte Männer in alle Länder der Erde ausgegangen wären." Dieß ferner bewirken zu helfen, sey eines jeden, der hier zu lehren oder zu lernen, itzt und künftig, bestimmt ist, eifriges und unaufhörliches Bestreben

---

Ernste genannt wird, und der sein Buch wirklich, um tugendhafte Bürger zu bilden, im Form eines Katechismus, vorzüglich zum Unterricht der Jugend geschrieben hat. — Er sagt, weil die Pflichten, die die christliche Religion lehre, nicht mehr für verbindlich gehalten würden, und man also die Menschen auf eine andre Art zur Tugend leiten müsse; so unterstütze diese Moral selbst die Regierung kräftig. — Es hat daher auch die französische Akademie einen Preiß für eine solche Moral aufgegeben, die eine Menge Beantwortungen veranlaßt hat, worin der Name Gottes vom Anfang bis zu Ende nicht vorkommt, und weder vom künftigen Leben, noch von der Vorsehung die Rede ist. —

\*) Noch im vorigen Jahre vergoß ein Dänischer Cavalier auf Gellerts Grabe, wohin ich ihn hatte begleiten müssen, einen Strom von Thränen, und sagte zu seiner ihm begleitenden Gemahlin: „Diesem Manne danke ichs daß ich der Tugend treu blieb und keinen französischen Spöttern glaubte." Er hatte 1766 Leipzig und Gellerts Unterricht verlassen. — Auf Voltär's und ihm ähnlicher Moralisten Gräbern werden solche Auftritte wohl nicht geschehen.

\*\*) in einem Briefe an Herzog Georg von Sachsen.

ben. Stets müsse daher der Ausspruch des weisen Griechen: „Nur in der Ausübung des Guten ist wahre Grösse,"*) in unsern Hörsäälen ertönen, und unaufhörlich müsse es unsern Zöglingen eingeprägt werden, was Young sagt: „ohne das Verdienst des Herzens mögen wir noch so hoch steigen; unsre Höhe ist doch nur der Galgen unsers Namens."**)

*) ἐν τῷ εὖ τὸ μέγα.

**) Nachtgedanken 6, S. 233 nach der Ebertischen Ausgabe.

Verzeich=

## Verzeichniß seiner Schriften.

1. Diss. II. de Samaria & Samaritanis. Viteb. 1753.
2. De forma Pentateuchi Samaritani externa. eod.
3. De Authentia Textus hebraeo-samaritani merito suspecta. eod.
4. De antiquissima Pentateuchi versione samaritana. 1754.
5. De praestantia et usu utriusque Pentateuchi samaritani. 1755.

    Diese sechs Abhandlungen sind 1756 unter dem Titel: Exercitationes historico-criticae in utrumque Samaritanorum Pentateuchum, zusammengedruckt.

6. Observationes criticae de Masora scripturae S. polyglotta. 1754.
7. De unctione Pontificis M. Hebraeorum per crucem. 1755.
8. Memoria secularis Wittebergae anno quo pax religioni sanctiori diuinitus data est. eod.
9. Curiae Romanae sententia de pace Augustana. eod.
10. Martyrium Stephani e pandectis Hebraeorum illustratum. 1756.
11. De Scabinis Hebraeorum. eod.
12. Antiquitates Balearicae. Torgaviae. 1757.
13. Βασιλεια ασαλευτος. ad Hebr. XII. 25-28. ib. 1758.
14. Αντιψυχοι. ib. eod.
15. De obsignatione Messiae. 1758 (Grimmae.)
16. Iesus Targumicus. Meletema I. II. ibid. eod.
17. De resurrectione Iobi. ibid. 1759.
18. Vaticinium Iesaiae de tumulo Iesu, commentat. super Ies. XXI, 11. 12. ibid. 1760.
19. Memoria Philippi Melanchthonis ante duo saecula mortui. ibid. eod.
20. Pietas Torgaviensis. ib. eod.

21. De

21. De Disputatione Vinarienſi et reſtitutione Cantabrigienſi. eod.
22. Iesus leo dormiens. 1761.
23. De conſilio Friderici ſapientis deſerendi Lutherum. 1761.
24. Trauerſchrift auf den unvermutheten und plötzlichen Tod Jfr. Rahel Soph. Schwarzin. 1761.
25. Ἐγγραφον ſatisfactionis nomen. 1761.
26. Imago Torcularii Ieſu patienti aſſerta. 1762.
27. De auriculari confeſſione Caroli Magni. 1762.
28. Leichenrede auf Herrn M. J. J. Schwarzen, Pfarrer zu Lorenzkirch, über den Wahlſpruch Joh. Arndts: Chriſtus hat viel Diener aber wenig Nachfolger 1763.
29. De corrupto ſub aduentum Meſſiae Scholarum Ebraeorum ſtatu. eod.
30. Anzugspredigt in Penig am Sonntage Jubica. ebend,
31. Friedenspredigt. ebend.
32. Gedächtnißpredigt auf den König Friedr. Auguſt. ebend.
33. Gedächtnißpredigt anf den Churfürſten Friedrich Chriſtian. 1764.
34. Leichenpredigt auf M. Franz Auguſt Götzingern, Pfarrer zu Wechſelburg. 1765.
35. Einweihungspredigt der Kirche zu Königsbayn. 1766.
36. Diſſ. theol. inaug. Qui ſine Chriſto, ſine Deo. 1768.
37. Orat. theol. inaug. de cura eccleſiae, ne fides ſit temporum potius, quam evangeliorum. 1768.
38. Die Ruhe der Seelen in der Vergebung der Sünden, am 19ten Sonntage nach Trinitatis, bey der Promotion in der Pfarrkirche zu Wittenberg gehalten. ebend.
39. Abſchiedspredigt aus Penig, am Sonntage Jubica. 1770.
40. Iſts uns auch eine Schande, die Schwäche unſerer Einſichten in Religionsſachen zu geſtehen? über das Evang. am Feſte Trin. 1771.
41. Weisheit ohne Gottesfurcht eine Quelle des menſchlichen Unglücks. ebend,

42. Acta

42. Acta Iulii Pflugii, Episcopi Numburgensis, in causa religionis. 1774.
43. Die dringende Bitte einer christlichen Landesversamlung an Jesum: Hilf du mir, so ist mir geholfen, Stiftstags-predigt am Sonntage Reminiscere. 1776.
44. Vom Nutzen der Gräber für die Lebendigen, welche sie mit Aufmerksamkeit betrachten, eine Predigt am ersten Osterfeyertage. ebend.
45. Der Einfluß der gnädigen Gegenwart Gottes in unsere Rathschläge und Handlungen, eine Dankpredigt nach geendigtem Stiftstage, ebend.
46. 4 Predigten über den Beschluß der Abschiedsrede Jesu. ebend.
47. Die heilsame Lehre Jesu, in Pred. über die Evang. auf alle Sonn- und Festtage, ingleichen Passions- und Bußterte. ebend.
48. Dissert. Nexus doctrinae de sacrificio Levitico et Christi. 1778.
49. Pr. De Silentio Lutheri. eod.
50. Pr. De Friderico Myconio, Lipsiensium apostolo. 1779.
51. Pr. Cur Deus homo? ibid. eod.
52. Pr. Dominica gaudii Christianorum Pascha. 1780.
53. Pr. Publicatae in Saxonia formulae concordiae memoria bissaecularis. 1780.
54. Parentation auf Jhro königliche Hoheit Frau Maria Antonia, verwittwete Churfürstin zu Sachsen, gehalten in der Universitäts-Kirche zu Leipzig den 25 Jun. 1780. (Im Repertorio guter Casualpredigten und Reden, im 5ten Theile.)
55. Vorrede zu Hrn. M. Ursinus Untersuchung des Ursprungs der Kirche und des Klosters St. Afra in Meissen. ebend.
56. Christliches Denkmahl einer frommen Mutter, Frauen Charl. Soph. Schwarzin geb. Sappuhnin, 1782.
57. Pr. Liturgiae ecclesiae evangelicae initia. 1782.
58. Pr. De propinquorum servatoris persecutione. eod.
59. Pr. Super epistola Leonis Sap. Graecorum Imperat. ad Oma-

Omarum Saracenorum principem, de fidei Chriſtianae
veritate et myſteriis. 1783.
60. De diſputatione inter Melanchthonem et Lutherum
fuper iuſtificatione. eod.
61. Die gerechte Freude Evangeliſcher Chriſten am dreyhundertjährigen Gedächtnißtage der Geburt des großen Luthers, in einer Predigt am 21 Sonntage nach Trinitatis d. 9 Novbr. 1783 in der Univerſitäts-Kirche in Leipzig vorgetragen. (auch eingerückt im Repert. guter Caſualpredigten und Reden, im 10 Theile)
62. De cauſis Socinismi invaleſcentis. Progr. ad promotionem D. Mich. Weberi. 1784.
63. Pr. De Legatis academiae Lipſienſis ad concilium Conſtantienſe. 1784.
64. Gottes mächtige Unterſtützung des von aller Welt verlaſſenen Luthers, am Reformationsfeſte 1785 in der Univerſitäts-Kirche zu Leipzig gezeigt.
65. Pr. De Evangelio infantiae Ieſu ficto et vero. eod.
66. Von den Verdienſten guter Lehrer der Religion und von der Pflicht ſie zu ſchätzen und zu preiſen. Eine Gedächtnißpredigt auf den ſel. D. Körner. 1786.
67. Pr. De Legato Academiae Lipſienſis ad concilium Baſileenſe. eod.
68. Pr. De Concordia inter Theologos Euangelicos ante ducentos et quinquaginta annos inita. eod.
69. Vorrede über die Frage: Wie haben Chriſtus und die Apoſtel das alte Teſtament benutzt? zu Hrn. M. G. G. Ungers Buch: die Bibel auch für Chriſten ein ſicherer Leitfaden zur wahren Glückſeligkeit. ebend.

# Briefe.

Ungeachtet ich alles was ich vom seligen Schwarz gesagt, durch Documente hinlänglich belegt zu haben glaube; so füge ich doch aus seiner weitläuftigen gelehrten Correspondenz noch einige Briefe bey, die beweisen wie sehr verdiente Männer seine Verdienste schätzten.

Mit Recht hat man bey einigen neuerlich herausgekommenen Lebensbeschreibungen, die ihnen beygefügten Briefe mit Vergnügen gelesen,*) indem man, was schon lange Lipsius darüber geurtheilt, bestätigt gefunden: Detegimur in epistolis et subiicimur oculis paene nudi. Nosse me aut alium vis? Epistolas lege, quae depingunt. Ingenii mei, affectus, iudicii, imo et vitae, non vana imago istic. Alibi fucus et simulatio habitat: hic candor, hic veritas, et non nisi nativus ille color. °*) Es ist auch, wie ich glaube, die durch nachstehende Briefe bewirkte Erneuerung des Andenkens an verstorbene würdige Männer, ein billiger Tribut, den die dankbare Nachwelt ihnen schuldig ist. Von den Briefen noch lebender Gelehrten, so vortreflich sie auch gröstentheils sind, öffentlichen Gebrauch zu machen, würde Unbescheidenheit gewesen seyn.

*) z. E. in Cramers Leben Gellerts, Püttmanns Memoria Godofr. Mascouii, Büschings Beyträgen zu der Lebensgeschichte denkwürdiger Personen, Reiskens eigener Lebensbeschreibung, u. a. m.
**) In Praefatione ad libr. I. epistolar. miscellarum.

Vom

Vom Oberconsistorialrath und Superint. D. Am Ende
zu Dresden.

### Hochedler und Hochwohlgelahrter
### Hochgeehrtester Herr Rector.

Daß Ewr. H. das Rectorat bey der Landschule Ihres Orts getrost und mit aller Zuversicht angetreten, auch bey docentibus et discentibus, auch sonst guten Eingang und Beyfall finden, als dessen ich zuverlässig versichert bin, gereichet mir um so mehr zu einem wahren Vergnügen, jemehr ich glaube, daß Gott durch Dero Hand und Werk der kranken Schule werde aufhelfen.

Der Herr segne alle Ihre Bemühungen und schenke ihnen guten Muth, und auch gute Gesundheit, damit Sie Ihr Amt mit Freuden verrichten mögen. Sollte ich im Stande seyn, zu Dero Vergnügen etwas beyzutragen; so werde solches in der That zu beweisen, keine Gelegenheit vorbey lassen. Der ich unter nochmaliger Empfehlung zur göttlichen Gnaden-Obhut, mit aller Hochachtung verharre

Ewr. Hochedeln

Dresden,
d. 27 Jun. 1758.

Dienstergebenster
Joh. Joach. Gottlob Am-Ende.

## Hochedler und Hochwohlgelahrter
### Hochgeehrtester Herr Rector.

Es ist mir ein besonderes Vergnügen gewesen, daß mein überschicktes Werkgen,*) und dabey hegende gute Meynung, bey Ew. H. sowohl, als dem gesammten Collegio, auch Coetu, so wohl aufgenommen worden. Welche gute und geneigte Aufnahme hierdurch mit dem verbindlichsten Dank erkenne. Anbey übersende noch die versprochene Exemplaria für Dero 4 Herren Collegen, mit dienstlicher Bitte, solche denenselben, unter Versicherung meiner wahren Ergebenheit und Freundschaft, behändigen zu lassen. Ich hätte gerne Exemplaria auf Schreibepapier geschickt, sie haben aber für meine Patronen allhier kaum zureichen wollen. So hätte auch gern denen obern Alumnis einige Exemplaria übersendet, aber auch desfalls hat sich gar bald die Unmöglichkeit wider mein Denken hervorgethan. Ich lege indessen noch eins für die Schul-Bibliothek, und ein anders für den Primum totius coetus bey, und bitte jenem ein Plätzgen in dem Bücherfaal zu gönnen, dieses aber Primo tuae classis ohnschwer zuzustellen. Uebrigens verharre mit aller Hochachtung

Ew. Hochedeln

Dresden,
d. 10 Jun. 1759.

Dienstergebenster<br>J. J. G. Am-Ende.

Ich lege auch noch ein Exemplar für den Hrn.
Sprachmeister mit bey.

*) Christeis.

Vom Prof. der Theol. D. Ernesti zu Leipzig.

## Hochehrwürdiger, Hochgelahrter
### Hochgeehrtester Herr Superintendens!

Es haben des Herrn Geheimen Raths von Münchhausen Excellenz von mir verlangt, jemand in Vorschlag zu bringen, den man zum Prof. Theologiae in Göttingen berufen könnte. Ich bin nun dabey vorzüglich auf Ewr. HochEhrw. gefallen, weil ich weiß, daß Dieselben alle Geschicklichkeit zu einer solchen Stelle besitzen, und es Schade ist, daß dieselbe ungenützt besessen werden soll. Es würde das zugleich ein Weg seyn, der Ew. HochEhrwürd. zu andern grössern Stellen führen könnte. Ich bitte also mir im Vertrauen zu sagen, ob ein solcher Vorschlag, und ein solcher Ruf Ihnen annehmlich seyn würde, und ob man sich sichre Rechnung machen könne, daß Ewr. HochEhrw. ihn annehmen würden: mit aller Hochachtung verharrend

Ewr. Hochehrwürden

Leipzig,
d. 13 Septbr. 1766.

ganz ergebenster Diener
D. J. A. Ernesti.

Hoch-

**Hochwürdiger und Hochgelahrter
Hochgeehrtester Herr und Gönner**

Das grosse Betrübniß, in welches mich der frühzeitige Verlust meines Neveu des sel. D. Thalemanns gesetzt hat, ist mir dadurch sehr gelindert worden, daß so viel brave Männer daran Theil genommen und bey dieser Gelegenheit so viel gute Gesinnungen von ihm gezeigt haben. Unter diesen gebürt Ewr. Hochw. eine der ersten Stellen; und ich sage für diese Bezeigung derselben den verbindlichsten Dank. Es ist mir dabey eingefallen, daß Dieselben vor einiger Zeit gegen mich geäusert haben, wie Sie wünschten durch mich eine Gelegenheit zu bekommen, an einen andern Ort zu kommen, weil es Ihnen in Zeiß bey dem hämischen Wesen einiger Herren Confratrum gar nicht gefiele, und sie lieber an einem andern Orte leben möchten. Wäre denn nun die Profession, welche der sel. D. Thalemann bey unserer Universität gehabt hat, ein Vorschlag. Die Einkünfte derselben sind zwar viel schwächer, als die, welche bey der sind, die Sie in Zeiß haben: aber Sie haben dagegen hier ein eigenes Hauß zur Wohnung, und es wäre auch für den Herrn Sohn vortheilhaft, welcher unter ihrer Auffsicht studiren, und auch hier sein Glücke finden könnte. Die Sache scheinet mir auch leicht möglich, weil ich weiß, daß der Herr Präsident von Globig viel Gnade und Hochachtung für Sie hat, und bey der Ersetzung der Superintendur in Dresden sehr für Sie gewesen ist. Gifiele Ew. Hochwürden der Vor-

schlag,

schlag, so müßte nun die Sache bald in Dresden von Ihnen angebracht, und die Denomination bey unserer Facultät gesucht werden, welche wohl bald vorgenommen werden dürfte. Das Schreiben an die Facultät könnte durch den Herrn Sohn, dem Decano Hrn. D. Burschern übergeben werden. Was ich zur Beförderung der Sache beytragen kann, werde ich sehr gerne thun, und auch dadurch beweisen, daß ich mit vollkommener Hochachtung bin und bleiben werde

Ewr. Hochwürden

Leipzig,
d. 26 März, 1778.

ganz ergebenst gehorsamster Diener
D. J. A. Ernesti.

Vom Geheimenrath und Oberconsistorial-Präsident
von Globig in Dresden.

## Hochehrwürdiger
### Werthgeschätzter Herr Superintendens!

Dero am 20sten dieses Monaths an mich abgelassene Zuschrift, sowohl als der von Ihnen an eben demselben Tage, und vom Rathe auch Bürgerschaft in Penig unterm 18ten, zum Ober-Consistorio erstattete Bericht, ist, nebst den Abschriften der von nur besagtem Rathe und Bürgerschaft den 13ten Februar an Ew. Hochehrwürden erlassenen Schreiben, und Dero darauf am 18ten ertheilten Antwort, richtig allhier eingelaufen. Man hat den Inhalt von allem diesen reiflich erwogen: und es ist das ganze Collegium des Ober-Consistorii mit mir der völligen Meynung, daß, wenn man an Ew. Hochehrw. Stelle wäre, man bey so gestalten Sachen, in dem Peniger Berufe bleiben, und die von Borna Ihnen angetragene Vocation nicht annehmen würde. Jedoch setzen wir hierbey dieses voraus, daß Dieselben, seit der Absendung oberwehnter Schriften, nicht anderes Sinnes und nicht etwan nunmehro, lieber nach Borna zu gehen, geneigt geworden sind; da man sodann, Ihrer bestimmten Empfindung eines vorzüglichen innerlichen Berufs Zwang anzuthun, keinesweges gemeynet seyn würde. Diese unmaßgebliche Gedanken schreibe ich Ihnen, zu Folge meiner mit dem Collegio genommenen Verabredung; indem man, zumahl da der Präsenta-

D tions-

tions-Bericht von Borna noch nicht anhero gekommen, einiges Bedenken träget, Ew. H. mittelst Rescripts zu antworten. Und wenn auch der Bornaische Bericht einläuft, so wird die Verfügung darauf ausgesetzt bleiben, bis Ew. Hochehrwürden Ihre endliche zuverläßige Entschlüßung in einem anderweiten Memoriale uns anhero werden angezeiget haben. Gott leite Dero Herz nach seinem Rathe! Wäre ich an des Bornaischen Magistrats Stelle, so würde ich bey so bewandten Umständen der Sache, der, und zwar mit Recht, jammernden Stadt Penig dergleichen Herzleid von selbst nicht weiter zumuthen, und gewiß hoffen, daß eine solche mitleidige Gesinnung der Herr seegnen und einen andern würdigen Lehrer, den ich dem guten Borna auch von Herzen anwünsche, für diese Stadt erwecken und herbeyführen würde. Ich verharre mit besondrer eſtime

Ew. Hochehrw.

Dresden,
am 28 Febr. 1764.

aufrichtigster Freund und Diener
H. G. von Globig.

PS. Nunmehro ist der Praesentations-Bericht von Borna auch eingelaufen: jedennoch verbleibt es bey der in meinem Briefe enthaltenen Meynung.

Hoch-

## Hochehrwürdiger
### Hochgeehrtester Herr Doctor!

Da ich mir schmeichele, daß Ew. Hochehrw. meine Denkungsart genüglich bekannt ist, so besorge ich nicht, daß Dieselben die zeithero unterlassene Beantwortung Ihrer mir angenehmen Zuschriften ungleich auslegen werden. Vielerley vorigen Sommer mir vorgefallene Verrichtungen und Reisen haben mir Hinderungen in den Weg geleget, bis ich nunmehro endlich einige Musse gewinne; da ich dann vor allen Dingen meine Danksagung abstatte, sowohl für die mir übersendete bey dem Schlusse des Stiftstages gehaltene Dankpredigt, als auch für die Predigten auf die vier letzten Sonntage vor Pfingsten, welche mir zu meiner Erbauung sehr lieb sind.

Der beyden Leipziger Studiosorum, Röhrers und Schedens, werde ich mich bestens erinnern. Noch sind die Stipendiaten-Censuren aus Leipzig nicht hier eingelanget.

Ihres Freundes werde ich, sowohl in Betracht Ew. Hochehrwürd., als auch des von seinem vorgesetzten Ephoro beygebrachten guten Zeugnisses, eingedenk seyn. Nun leben Sie wohl, mein lieber Herr Doctor! und schon der Gedanke, daß sich Gelegenheiten ereignen können, bey denen ich, zu Dero mehrern Wohlseyn auch beyzutragen, mich im Stande befinden würde, erfreuet mich im voraus, als der ich mit wahrer estime beharre

Ew. Hochehrwürden

Dresden,  ergebenster Freund und Diener
den 30 Oct. 1776.  H. G. von Globig.

## Hochehrwürdiger

### Werthgeschätzter Herr Doctor und Stifts-Superintendens!

Je mehr ich mich aus Ew. Hochehrw. mündlichen Vortrage des Worts Gottes zu erbauen Gelegenheit gehabt habe, desto zuversichtlicher verspreche ich mir dergleichen Seegen aus der ohnlängst im Drucke herausgegebenen vollständigen Sammlung von Predigten. Ich statte Ihnen dahero für deren gütige Uebersendung verbindlichsten Dank ab, zugleich auch wegen des wohlgemeynten Glückwunsches zu meiner Tochter künftige Ostern bevorstehenden Heyrath mit dem königl. Preuß. Staats-Minister Grafen von Werthern. Als ich die von selbigem ehemals auf dem Zeitzer Schlosse inne gehabten Zimmer am Stiftstage bewohnte, hätte ich mir nicht einfallen lassen, daß auf der in dortiger Gegend gelegenen Pflege Löbnitz meiner Tochter Weitzen blühen würde: so verborgen ist der gütige Gott in seinen weisen Rathschlüssen und Führungen! und ich glaube, nur gedachtes Etablissement als einen Zeitzer Seegen mit rechnen zu können. Gott lasse es auch Ihnen, mein werthester Herr Stifts-Superintendens, allezeit nach seinem heiligen Gefallen wohl ergehen. Ich nehme gewiß daran aufrichtigst Antheil und werde jederzeit seyn

Ew. Hochehrwürden

Dresden,
den 30 Januar, 1777.

ergebenster Diener
H. G. von Globig.

Hochehrwürdiger
    Werthgeschätzter Herr Doctor!

Ich freue mich, daß die Universität zu Leipzig, nach dem durch D. Thalemanns Ableben erlittenen Verlust, wiederum in der theologischen Facultät gut versorget wird. längstens übermorgen lasse ich an nurgedachte Facultät die Rescripte abgehen, vermöge welchen in die erledigte Thalemannische 3te Professur Hr. D. Körner aufrücket, dessen zeither bekleidete 4te Ew. Hochw. conferiret wird, und übrigens Hr. Pr. Morus, mit Beybehaltung seiner ordentlichen Professione graecae et latinae linguae, zum Professore theologiae extraordinario ernannt wird. Wegen Dero solchergestaltiger Veränderung ist an das Stift-Naumburgische Consistorium aus dem Geheimen Consilio Verfügung ergangen. So nöthige Verrichtungen auch meine Gegenwart zu Leipzig in der Messe erfordern, so wenig Anschein ist es, diese Reise bey dermahligen sehr kranken Umständen bewerkstelligen zu können. Ich beharre

Ew. Hochehrw.

Dresden,
d. 10 Mai, 1778.

ergebener Freund und Diener
H. G. von Globig.

Hochwürdiger
Hochgeehrtester Herr Doctor!

Je mehr ich versichert bin, daß alle gute Wünsche, welche Ew. Hochw. bey Gelegenheit meines Geburtstages für mich gemacht, aus wohlmeynendem Hertzen kommen; desto mehr bin ich Ihnen dafür verbunden.

Wann die ordentliche Assessur im dortigen Consistorio, und zugleich die Stipendiaten - Ephorie vacant wird; so erwarte ich von Ew. Hochw. zwey separirte, an Churfürstl. Durchl. zu richtende, und zum Oberconsistorio in Vortrag zu bringende Supliquen.

In der Absicht, Dieselben auf alle mögliche Art zu soulagiren, werde ich suchen Ihrem Sohne ein Procuratur-Stipendium zu verschaffen. Von ihm brauche ich nur ein kurzes Memorial, darinn er darum bittet, und welchem er ein testimonium Professoris beyzufügen hat, woraus zu ersehen, daß er actu studens ist.

Die Prolongation des Procuratur - stipendii für den Studenten Keil wird bewilliget werden, sobald er darum ansuchet, auch soll dessen Bruder einen Expectanz Befehl zu einem Churfürstlichen Stipendio erhalten. Ich beharre mit aufrichtiger estime

Ew. Hochwürden

Dresden,
d. 25 März, 1779.

ergebenster Freund und Diener
H. G. von Globig.

Vom

Vom Superint. D. Gühling zu Chemniz.

**Hochehrwürdiger,**
In Gott andächtiger und hochgelahrter,
Insonders hochzuehrender Hr. Doctor und Superintendens!
**Hochgeschätzter Freund und Gönner!**

Daß Ew. Hochehrw. den Doctor Titel angenommen, sehe ich nicht sowohl als eine Zierde für Sie, als vielmehr für eine edle Anheischigmachung zu dem Dienst an, den Sie bey einer langen Reihe der Jahre, die Ihnen Gott durchleben lassen wolle! durch Dero bekannte, grosse Gelehrsamkeit und gottgeheiligte Treue, der Kirche Christi auch ferner, und mehr, und in höhern Aemtern, erweisen werden. Gott fördere also durch das seelige Gerathen Dero Vornehmens, seine eigene Ehre, und sey für die treue Arbeit in Dero Amt und Hauße in allewege Ihr Schild und sehr grosser Lohn.

Und wie ich für das schöne Geschenke Dero gelehrten Disputation mich hiermit dienstlich bedanke, also empfehle mich Dero hinfernern hochschätzbaren Freundschaft, bitte Dero hochwerthesten Herrn Schwiegervater meiner wahren Ehrerbietung, für seine der Kirche Gottes leistende Treue und Fürbitte bey Gott, gelegentlich zu versichern, und beharre nebst ergebensten Empfehl an Dero Frau Liebste mit aller Hochachtung

Ew. Hochehrw.

Chemniz,
d. 4 Januar, 1768.

zu Gebet u. Diensten ergebenster Diener

D. Joh. Friedr. Gühling.

### Hochehrwürdiger, Hochachtbarer und Hochgelehrter!
### Hochgeehrtester Herr Doctor und Superintendens!
### Hochwerthester Freund und Gönner!

Ew. Hochehrw. ausgebreiteter Ruhm, welcher macht daß man Sie überall verlanget, erfreuet mich desto wahrhaftiger, je gewisser mir bekannt, daß Sie es mit Gott und seiner Wahrheit redlich meynen, und Sie solche Gaben bsiegen, die gute Meynung ins Werk, zu allgemeinen Wohl, zu setzen. Gott führe Sie auch bey jetziger vorhabender Veränderung nach seinem Rath und setze Sie dahin, wo er Sie am besten zu gebrauchen weiß, so wird auch Dero wahrhaftiges Wohlergehn allezeit damit verbunden seyn, welches ich von Herzen wünsche. Mit vollkommener Hochachtung und Liebe verharre ich

Ew. Hochehrw.

Chemnitz,
d. 22 Januar 1770.

Gebet und Dienstergebenster
D. J. F. Gühling.

Hoch-

Hochwürdiger und Hochgelehrter!
Insonders hochzuehrender Herr Doctor und Superintendent!

Geht es Ew. Hochwürden so wohl, als ich allezeit wünsche, so oft ich Deroselben gedenke, besonders aber bey der Veränderung gewünscht habe, so mangelt es Ihnen an keinem Guten in Dero Hause und wichtigen Amte, welches vermuthlich nicht das letzte ist, und ich glaube, daß Gott Dero schöne und vorzügliche Gaben zu seiner Ehre und der Kirche Besten in höhern Aemtern vorbehalten habe, der stärcke und erhalte Sie dazu auf die spätesten Jahre, durch Christum!

Daß ich aber vorietzo Ihnen schriftlich meine Hochachtung und Liebe bezeige, dazu veranlasset mich mein lieber Hr. Pastor Gräfe, der in Zeiz vor seinen Sohn, einen Studiosum in Leipzig, als einen Zeitzischen Eingebohrnen, ein Stipendium suchet. Ich kann diesem Menschen mit Grund der Wahrheit das aufrichtige Zeugniß geben, daß er sich hier auf der Schule als einen fleissigen, frommen und geschickten Schüler erwiesen, der daher aller Liebe und Förderung werth ist, sie auch um so viel mehr nöthig hat, je weniger der Vater bey vielen Kindern im Stande ist, auf diesen Sohn allein viel zu wenden, der gleichwohl alle Hoffnung von sich giebet, daß er dereinst ein rechtschaffnes Werkzeug göttlicher

Ehre seyn werde. Können und wollen also Ew. Hochw. etwas zu seinem Glücke beytragen, so versichere, daß solche Liebe und Gunst an einen nie unwürdigen angewendet seyn werde; Und wie zu Dero hochschätzbaren Affection denselben sowohl als mich empfehle, also beharre mit aller ersinnlichen Hochachtung

Ew. Hochw.

Chemnitz
d. 31 Aug. 1770.

Gebet und Dienstergebenster:
D. J. F. Gühling.

Vom Oberconsistorialrath D. Heydenreich zu Dresden.

### Hochedler und Wohlgelahrter
### Hochgeehrtester Herr Rector.

Nachdem Ihro Königl. Maj. nunmehro unsere auf Ew. Hochedl. werthe Person ausgefallene Wahl eines Rectoris der Landschule Grimma allergnädigst approbiret, und die Ausfertigungen heute von mir signiret worden; so gratulire ich dazu mit aufrichtigen Herzen, und wünsche, daß, wie die Wahl allenthalben Approbation gefunden, also auch diese Veränderung zuförderst zu Gottes h. Ehre, dann zum Besten der bisher verwaysenen armen Landschule, und endlich Ihnen zu einer Stufe fernerer angenehmen Begebenheiten gereichen möge.

Mit einer Abgabe an Seniorem haben wir Sie gar nicht beschweret, sondern dieser hat seine Pension aus einem andern Fond bekommen. Mir ist lieb gewesen, daß ich hierbey zeigen können, wie Dero Fleiß, Studia und Geschicklichkeit bey mir in vielem Werthe seyn, und wie ich mit Aufrichtigkeit sey

Ew. Hochedeln

Dresden,
d. 6 März, 1758.

Dienstergebenster<br>G. H. Heydenreich.

Vom General=Superint. D. Hofmann zu Wittenberg.

P. P.

Die Antwort des Herrn Oberconsist. Präsid. ist sehr gnädig für Sie ausgefallen. Er schreibt ausdrücklich Sie könnten nicht nur sicher sich um die Profess. antiq. melden, sondern er setzt auch hinzu, daß er sich freuen werde, wenn er Ihnen noch reeller werde dienen können, weil er aus Ihren Schriften gesehen, daß Sie in orientalischen Sprachen und der Geschichte grosse Kenntniß besässen, und sowohl acumen iudicii, als auch amoenitatem ingenii und masculum stilum darinnen gefunden habe. Vtor ipsius verbis.

Auch hat Hr. Oberconsist. Rath Leyser mir geschrieben, daß Sie in Dresden allenthalben sehr wohl angeschrieben stünden: Er fragt aber auch zugleich, ob Sie Candidat. Theol. wären, und theologica läsen, NB. weil der tüchtigen Leute leider immer weniger würden. Macte ergo virtute tua, et perfice nuper statuta.

D. Hofmann.

Hoch=

## Hochedler, Hochgeehrtester Herr!
Werthgeschätzter Gönner.

Daß Ew. Hocheblen das neuangetretene Amt bishero angenehm und wohlgefällig gewesen, ersehe ich aus Dero geehrtesten Zuschrift mit vielem Vergnügen, und wünsche von ganzen Herzen, daß Gott alle Deroselben rühmliche Bemühungen mit seinen göttlichen Seegen also fördern und krönen wolle, daß die Ehre seines Namens, und der Flor der Torgauischen Schule, wie auch Dero eigenes Wohl allenthalben möge erhalten werden. Anbey haben Ew. Hochedl. ganz nicht nöthig, einiger Danknehmung gegen mich zu gedenken, indem ich wegen treuer Anführung meines Sohnes, (der in voriger Woche seine erste Predigt in der Schloßkirche glücklich abgeleget hat) Ihnen allezeit also verbunden bleibe, daß ich auch hinführo nicht unterlassen werde, alle mögliche Dienstgeflissenheit zu bezeigen. An den wackern Hrn. D. Berger bitte ich mein Compliment zu machen, und ihn meiner aufrichtigen Ergebenheit zu versichern; verharre in übrigen allezeit mit vieler Hochachtung

Ew. Hochedeln

Wittenberg,
den 13ten Jul., 1756.

ergebenster Diener<br>
D. Carl Gottlob Hofmann.

## Hochedler und Hochwohlgelahrter,
Hochgeehrtester Herr!

Für die zu dem gegenwärtigen Jahres-Wechsel mir überschriebene gute Wünsche danke ich verbundenst, und wünsche, daß Ew. Hochedl. das künftige Jahr ein frölliches, vergnügtes und ruhiges Jahr werden möge, auf daß Sie derer bisherigen Unruhen und Sorgen vergessen und dagegen über Gottes Güte frölich werden können. Mir würde es übrigens allerdings lieb seyn, wenn die dermalige Vacanz bey hiesiger Stadtschule Sie wieder zu uns bringen könnte. Nicht allein für unsere Schul- sondern auch academische Jugend würde es sehr nützlich seyn, und Ew. Hochedl. würden durch Haltung einiger Collegiorum fast noch ein weiteres Feld, als in Torgau vor sich sehen, folglich auch grössern und mehrern Nützen hieselbst stiften können. Nur muß ich auch aufrichtig melden, daß die Einkünfte nicht sehr groß sind, die ich an ben specificiret habe, dahero ich zweifelhaftig werde, ob man es Ihnen zumuthen dürfte, wieder zu uns zu kommen. Doch ist auch die Arbeit erträglich, wie Sie bereits wissen, und der Professor-Titel würde auch leicht zu erhalten, mit Collegiis eine kleine Beysteuer zu erlangen, und in luce academica einiges Vergnügen zu hoffen stehen. Tragen sie Gott im Gebet die Sache vor, und verhalten sich passive; werden sie aber gefragt, so schlagen Sie es nicht gänzlich ab. Reliqua diriget DEUS. Wessen Sie sich zu mir zu versehen haben, das wissen
Sie

Sie wohl: mit Worten diene nicht, aber in That und Wahrheit. Ich werde vielleicht nächstens wieder an Sie schreiben, habe aber doch ad interim dieses melden wollen, versichere anbey, daß ich allezeit der meinem Sohn erzeigten Güte eingedenk leben, und auch deswegen, wie sonst, seyn werde

Ew. Hochedlen

Wittenberg,
am 11ten Januar, 1757.

ergebenster Diener
D. C. G. Hofmann.

Hoch=

**Hochedler,**
**Hochgeehrtester Herr!**

Ew. Hochedlen gebe nunmehro mit sehr vielen Vergnügen die angenehme Nachricht, daß Sie gestern unanimiter an Hrn. Prof. Hillers Stelle zum hiesigen Rectorat erwählet worden, nachdem ich zuvor die Versicherung gegeben, daß Sie es gewißlich annehmen würden. Ich gratulire dazu von ganzen Herzen, obschon ohne vieles Wortgepränge, und in Eil, und bitte, Sie wollen so gütig seyn, und mir durch diesen Expressen einen Brief überschicken, den ich dem Rath zeigen könne, des ohnmaßgeblichen Inhalts, daß Sie die gegebene Nachricht von der geschehenen einmüthigen Wahl dankbarlich acceptirten, und sobald Sie die Vocation würden erhalten haben, sich bey uns entweder schriftlich oder persönlich einfinden, und das Rectorat willig annehmen würden. Mit dem Probe-Lesen sind sie völlig verschonet, dürfen auch das neue Amt nicht eher, als nach Ostern antreten. So habe denn meinen Wunsch erreicht, und die Vocation soll Ihnen, sobald Dero Brief bey mir angekommen, zugeschickt werden, sie liegt parat. Ich verharre übrigens

Ew. Hochedlen

Wittenberg,
am 16ten Febr. 1757.

ergebenster Diener.
D. E. G. Hofmann.

Hochedler,

Hochgeehrtester Herr Sohn!

Es haben Se. Excellenz der Hr. Oberconsist. Präsident in Dresden geäussert, daß Sie, da Hr. M. Weller, jetziger Superintendent in Penig, zur Zwickauischen Superintendur designiret worden, gesonnen wären, die Penigische Superintendur Ihnen zu ertheilen, auch deswegen an Sie würden nächstens schreiben lassen. Ich habe für nöthig gehalten, Ihnen solches alsobald zu melden, damit Sie die Sache in Zeiten erfahren, und eine Resolution fassen können. Ich meines Ortes kann gar nichts dazu sagen, weil mir der Ort und die Umstände desselben ganz und gar unbekannt sind, sähe aber gerne, wenn Sie mir Dero Meynung, sobald als möglich wollten wissen lassen, als darum ich bitte. Gott dirigire alles zum besten! Ein mehreres zu schreiben hindert der Abgang der Post. Ich verharre nebst dienstlichen Compliment von uns allen

Dero

Wittenberg,
am 8ten Aug. 1762.

ergebenster
D. E. G. Hofmann.

### Hochehrwürdiger
#### Hochgeehrtester Herr Sohn!

Dero beyde Briefe habe bekommen, und aus selbigen ersehen, daß Ihnen die ißige Station in Penig vollkommen gefällt, welches mir lieb zu vernehmen gewesen. Ich kann dahero nicht mißbilligen, daß Sie die hiesige Stelle*) ausschlagen, besonders, da noch ausser denen von Ihnen angeführten Ursachen verschiedene andere sind, die Dero Meynung bestärken. Wird die Zeit kommen, da man auf Universitäten wird gelehrte Männer nöthig haben, so wird auch Ihrer gedacht werden. Der einzige Umstand, Sie allerseits nahe um uns zu haben, war für uns allhier etwas angenehmes, allein das übrige alles widerrieth mir selbst, Ihnen eine Mutation für ißo zuzumuthen. Des recommandirten Herrn Archidiaconi werde ich zwar gedenken, aber locorum distantia macht eine Gastpredigt schwer. Das vacante vierte Diaconat wird noch in dieser Woche besetzt werden. Dero Herr Bruder ist nunmehro auch auf hiesiger Universität angekommen, und übertrifft alle seine Hrn. Brüder an Grösse.

Der Hr. Graf Löser ist gestern frühe in aller Stille beygesetzt worden. Er ist 60 Jahr alt, und hat ein überaus erbauliches, christliches und ruhiges Ende genommen, an der Wassersucht, mit der größten Standhaftigkeit und Freude über seinen Erlöser! Ich verharre
Dero

Wittenberg,
den 19ten Jul. 1763.

ergebenster
D. Hofmann.

*) Das Archidiakonat zu Wittenberg.

Vom

Vom Oberpfarrer M. Kempff, in Naumburg.

## VIR SVMME REVERENDE,
### EPHORE GRAVISSIME!

Quod temporis angustia exclusus in hunc vsque diem aegerrime protraxi, id nunc demum exsequi mihi licet humanitatis ac obseruantiae officium. Placuit omnium rerum, sacrarum praecipue, Moderatori summo, Te nobis Ephorum dare, Tibique nec petenti, nec cogitanti, suae inter nos ecclesiae huiusque pastorum credere tutelam. Id quod penitius dum pensito mecum, luculentum satis gratiae diuinae documentum facile ex eo intelligo. De prouincia igitur, Deo bene nobis cupiente, curis Tuis commissa, gratulor Tibi ex animo, nec Tibi, inquam, tantum, sed toti quoque Optimi Servatoris gregi, qui verbi salutaris ministerio in ditionibus Episcopatus nostri pascitur, quique talem consecutus est tutorem, cuius de fide amplissima nobis allucet spes atque expectatio. Bona quidem, ac pereximia res est episcopi munus, iudice d. Paulo, cum propter insignem, qua in ciuitate christiana praecellit, dignitatem, tum eo cumprimis nomine, quod vberior, regnum gratiae, eiusque statoris laudes amplificandi, in eo fuppetit materia. Vt adeo, fi quis ad illud decenter adfpiret, non plane culpandus mihi videatur, modo nutus diuini, ac virium, quae huic ferendo oneri fufficiunt, fibi confcius fit. Attamen extra omnem dubitationis aleam pofitum reor, neminem mortalium cum pluribus conflictari oportere curis, ac crebrioribus Satanae eiusque volonum infultibus impeti, quam ephorum ecclefiafticum, partibus fuis, prouti par eft, facientem fatis. Sed ita fert veterrimus ifte mos aduerfarii infernalis, ac ferpentina indoles. Vix enim, quem fupplices adoramus, Salvator, ad obeunda Prophetae munia initiatus, folitudinemque ingreffus erat, illico aderat communis tentator, cumque eo congredi audebat. Eo minus, confido, miraberis, fi Tu quoque dignus videaris Imperatori noftro ex acie reduci, qui in eandem defcendas arenam. Indignetur, irafcatur, ringat, frendeat, ganniat inuidus fibimet infenfiffimus; vana fine viribus ira. Si Deus pro nobis, quis contra nos? Ecquis enim eft, qui nos laedat, fi bonitatis fimus imitatores? Oremus, meditemur, tentemur, intueamur Dominum e cruce pendentem, omnesque fuos ac noftros hoftes calcantem; in hoc figno certiffime vincemus. Latet faepenumero fol nofter fubter nubibus ad momentum, quo elapfo tanto emergit lactior, omnesque difcutit nubeculas. E compluribus, qui ex limpidiffimis fcripturarum facrarum

crarum fontibus fcaturiunt, vnicus ille riuulus me praefertim, cum aduerfitates vrerent, haud raro mirifice refecit, labafcentemque denuo erexit, oraculum puto dominicum, quod Paulus ter precatus ex ore Seruatoris ipfius olim acciperet: Satis fit tibi meus fauor. Virtus enim mea in imbecillitate perficitur. Sed nolo, Te hac qualicunque fcriptione a grauioribus, quae fubinde vrgent, negotiis longius auocare. Des modo veniam a facie tibi ignoto, et quibus primum faluto Te, Tuamque ambio benevolentiam, aequi bonique confulere velis meas litteras. Nunquam enim, ita Tibi plane perfuadeas, ad fcribenda haecce me contuliffem, nifi Te fcire voluiffem, quanti Te facerem, ac quantopere iis, quos amare foles, accenferi vellem. Et cum officiorum, quibus nunc fungimur, ratio peculiari quodam vinculo nos coniungat, atque alternis nonnunquam fcribendi neceffitatem nobis imponat, crebrior, fpero, amoris fignificandi occafio inde nafcetur. Interim volupe mihi eft, gratiaeque diuinae acceptum fero, Te cum Tuis faluum atque incolumem Cizam haud ita pridem non perueniffe folum, fed aufpicatiffima quoque muniorum facrorum primordia iamiam cepiffe. Sit Dominus Tecum, atque in fingulis, qui hinc inde deuoluentur ad Te, laboribus fucceffus Tibi largiatur vltra vota profperos. Auertat, quae corporis animique vires atterunt; aduertat, quae delectant

delectant ac roborant. Seruet Te Deus Ecclefiae Tuisque fofpitem ac inconcuſſa Te beet femper valetudine. Seruet vitae fociam paruulumque Afcanium, oculorum Tuorum delicias. Seruet quoque ac tueatur fumme reuerendum Socerum Tuum, Virum omni mea laude maiorem, meumque olim, cum XXX abhinc annis Lipfiae haererem, fideliſſimum Gamalielem, ad cineres fufpiciendum, atque ad feros vsque annos et Ecclefiae, et Academiae, et fuis fuperftitem effe iubeat. Collegae mei, qui pacis amantes coniunctiſſime mecum viuunt, recens delatos Tibi honores fauſtiſſimos comprecantur, cumque omnigenae falutis voto fauori Tuo fefe commendant. Caeterum ignofcas, quaefo, huic informi modumque excedenti epiftolae. Faxit fupremum Numen, vt demandatae prouinciae quam diutiſſime ac feliciſſime praeeſſe, multisque prodeffe poffis, Tibi autem nihil quidquam obeffe queat; id eſt, quod impenfe precatur ac vouet

TVI

Dat. Numburgi,
Calend. Maii, cɔıɔcc lxx.

obferuantiſſimus
M. Casp. Frider. Kempff.
P. Pr.

Vom

Von D. Koch, anfangs Stadtsyndik. zu Torgau, nachher Oberstadtschreiber und Rathssyndik. zu Leipzig, endlich Bürgermeister daselbst und Appellationsrath.

## Hochedelgebohrner,
### Insonders hochzuehrender Herr Rector!

Ew. Hochedelgeb. erhalten durch die Ueberbringer ein Schreiben, dessen Innhalt von göttlicher Direction, und sonderbarer Liebe, Hochachtung und Verehrung Dero hochwerthesten Person und Dero seltener Verdienste ein geschwornes Zeugniß ableget.

Lassen Ew. Hochedelg. die Bitte, so an Sie gebracht wird, Statt finden! Ich contestire höchlich, daß das Hoch- und Wohlehrwürdige Ministerium nicht nur, sondern die ganze Stadt, vornehme und niedere, arme und reiche, darüber Trost und grosse Freude schöpfen werden.

Meine als eines treuen Dieners, der zwar bedrängten, doch auf den Schutz des Allmächtigen sich verlassenden Stadt Torgau, Schuldigkeit hat erfordert, dem Verlangen Raum zu geben, und meine Bitte mit der Bitte der Ueberbringer zu vereinigen. So Gott will, gedenke ich zu Ende dieser Woche auf einige Tage nach Leipzig zu reisen. Ich behalte mir vor, Ew. Hochedelg. nächstens weitläuftiger zu schreiben, verharre indeß mit größter Hochachtung

Ew. Hochedelgeb.

Torgau,
den 21 April, 1760.

ganz dienstergebenst aufrichtigster
Diener
D. Carl Gottlob Koch.

Hochehrwürdiger und Hochgelehrter,
Insonders Hochgeehrtester Herr Doctor und
Superintendens!

Ew. Hochehrw. haben mich durch Dero hochgeehrtestes und hochwerthestes Schreiben mehr als aus einem Grunde zu der lebhaftesten Dankbarkeit verbunden. Ich bin durch selbiges nicht nur von der Continuation Ew. Hochehrw. mir vorzüglich schätzbaren Freundschaft vergewissert worden, sondern ich habe auch das Vergnügen gehabt, einige nähere Nachricht von der Gerechtigkeit und Belohnung zu erfahren, welche Ihren treflichen Eigenschaften, Verdiensten und Eifer für die Beförderung der Ehre Gottes und des wichtigen Amtes, so Sie bereits bekleiden, wiederfährt. Ich preise dieserhalb mit Ihnen die Fügung des Himmels, und als ein aufrichtiger wahrer Freund und Kenner Ihrer redlichen Gedenkungsart trage ich kein Bedenken, Ihnen zu rathen, den Ruf nach Borna anzunehmen. Denn 1) ist er unstreitig von Gott; 2) haben Sie in Penig Ihrem Beruf ein ruhmvolles Genüge geleistet, und Ihrem Successori den Weg zur Nachfolge gebahnet; 3) würde allem Ansehen nach der Ruf nach Borna nicht der letzte seyn, und die gute Stadt Penig Sie doch nicht auf Lebens-Zeit behalten können; 4) ist Borna allerdings beträchtlicher; 5) kommen Sie Leipzig näher; 6) soll man von Rechtswegen, daferne Gott Kräfte des Leibes und Gemüths verleihet, niemals die Gelegenheit ausschlagen, ein grösseres Feld zu bearbeiten.

Und

Und dieses ist es, was ich nach meiner juristischen Ueberlegung Ew. Hochehrw. an das Herz lege. Haben Sie die Gutheit und geben mir von dem Dresdner Resultat gelegentlich Nachricht. Am Schluß wünsche ich von ganzem Herzen, daß Gott das angefangene Werk zum Preis seines Namens und Dero wahren Besten hinausführe. Meine Frau und Kinder bezeigen Ew. Hochehrw. ihre unwandelbare Hochachtung und Veneration. Ich selbst bitte um die Continuation Dero Freundschaft und geneigten Andenkens, der ich lebenslang mit vorzüglicher Hochachtung verharre, als

Ew. Hochehrw.

Leipzig,
am 3 April, 1764.

ganz ergebenster treuer Diener
D. C. G. Koch.

Hochehrwürdiger und Hochgelahrter,
Insonders Hochgeehrtester Herr Doctor, Superintendens und Consistorial-Assessor!

Immer näher nach Leipzig! So fängt sich der aufrichtige Glückwunsch eines alten guten Freundes und Verehrers, an. Leipzig muß doch die Kraft, rechtschaffene Theologos und vorzügliche Gelehrte an sich zu ziehen, noch nicht ganz verloren haben. Hierüber nun freue ich mich, indem ich mich über Ew. Hochehrw. mit so vielen Ruhm und Beweisen von der Existenz Gerechtigkeit liebender und Verdienste belohnender Patrioten, verbundene Amtsveränderung und Abscepsion zu höhern Ehren-Stufen, freue. Gott lasse diese Veränderung mit vielfachen Seegen verbunden seyn! Er verleihe auch in diesem Dero neuen Amte Ew. Hochehrw. dauerhafte Gesundheit und die Erfüllung Dero Wunsches. Er lasse Dero Lebensziel zum Besten seiner Kirche und der gelehrten Welt aufs weiteste hinausgesetzt seyn! Wobey ich denn mir und den Meinigen, welche ihren Respect versichern und ihre aufrichtigen Wünsche mit denen meinigen verbinden, Dero unwandelbare Freundschaft und hochschätzbare Gewogenheit erbitte.

Ueberbringer dieses ist Hr. M. Scheller, ein frommer, geschickter und fleissiger Schulmann, dessen Schriften Ew. Hochehrw. vielleicht nicht unbekannt sind. Er ist seit 8 Jahren Rector zu Lübben, welches Amt er durch göttliche Fügung und meine wenige Empfehlung, erhalten. Er stehet jährlich kaum 300 fl. wünschet daher

her eine Verbesserung und kömmt jetzo, auf meinen Rath, um Dero Patrocinium Gewogenheit und viel vermögendes Vorwort, in Fall sich Dero Ortes das Rectorat erledigen sollte, zu bitten. Schlagen sie ihm dieses nicht ab, hören ihn an, und behalten ihn in einem feinen guten Andenken. Er ist ein würdiger Mann, der in seinem officio beherzter ist, als vielleicht das erste Ansehen hoffen lässet. Vor einigen Jahren hat er zum Rectorat an der Creutz-Schule zu Dresden mit vielem Beyfall eine Probe abgelegt, jedoch wegen starker Empfehlung seines Mitcompetentens, damahls zurückstehen müssen. Er hat den Beyfall unserer vornehmsten Herren Theologorum, insonderheit Hrn. D. Ernestis. Das ist alles, was ich Ew. Hochehrw. melden kann. Nehmen Sie nicht ungütig, daß ich, sogleich bey dem ersten Complimente, Ihnen incommodité verursache. Ich bitte mir hinwiederum Gelegenheit zu geben, einem Ihrer guten Freunde gefällig zu werden. Und nunmehro hoffe ich, Ew. Hochehrw. noch eher, als sonst, in Leipzig einmal zu sehen und Ihnen diejenige unwandelbare Verehrung persönlich contestiren zu können, mit welcher ich lebenslang beharre

Ew. Hochehrw.

Leipzig,
d. 8 Mai, 1770.

ganz gehorsamster treuergebenster
Diener

D. C. G. Koch.

PS. Haben denn Ew. Hochehrw. auch den schönen Garten und die schöne Aussicht von Penig mitgenommen? Daß der Besitzer des Rittergusts Wildenborn Ihr nächster Nachbar ist, wissen Sie schon.

Vom

Vom Prof. der Theologie und Superint. D. Körner,
in Leipzig.

Hochwürdiger,
 Hochgelahrter Herr Doctor,
Hochverdienter Herr Stifts Superintendens,
 Hochzuehrender Gönner!

Die von Ew. Hochwürd. mir bey meinem Aufenthalt in Zeitz theils zugedachte, theils würklich erwiesene Ehre und Gewogenheit verbindet mich zum schuldigsten Dank. Nie werde ich die vergnügten Stunden und das so häufig genossene Gute vergessen, und mich herzlich freuen, wenn ich in Zukunft nur etwas beytragen kann, Denenselben den hiesigen Aufenthalt angenehm zu machen, und durch thätige Beweise zu überzeugen, wie hoch ich Dero Freundschaft schätze. Am Dienstag gegen 5 Uhr bin ich glücklich hier angelangt. Möchte doch die Zeit nahe seyn, da ich Denenselben und mir zur glücklichen Ankunft in unsern Mauern gratuliren kann. Bis dahin darf ich nur schriftlich mich und die Meinigen unter dankbarster Empfehlung an Dieselben und Dero hochzuehrenden Frau Gemahlin, die Ihrigen nennen, und mit der freudigsten Hofnung einer baldigen genauern Verbindung voller Hochachtung und aufrichtiger Liebe verharren

Ew. Hochwürden

Leipzig,
am 3 Juni 1778.

gehorsamstverbundenster Diener
D. Joh. Gottfried Körner.

Vom Superintendent M. Schmidt, in Merseburg.

Magnifice, Hochwürdiger und Hochgelahrter,
Hochzuverehrender Herr Doctor,
Hochgeschätzter Herr, Freund und Gönner!

Je grösser die Liebe und Hochachtung ist, mit welcher Ew. Magnificenz ich schon damahls verehrte, da ich Sie noch nicht kannte; desto aufrichtiger ist auch der Antheil, den ich an Deroselben gegenwärtiger Amtsveränderung nehme, weil Sie dadurch aus be..enigen traurigen Verbindungen gerissen werden, die Ihnen bisher so viele Kränkungen zugezogen, und weil Sie bey dem neuen Amte noch mehr Gelegenheit finden, der Kirche Jesu tüchtige Lehrer zu bilden. Auch dafür preise ich die Güte unsers grossen Erbarmers, daß der Anfang Ihrer ersten Bemühungen und Arbeiten in Leipzig, mit einem so grossen und allgemeinen Beyfalle geschehen, und wünsche von ganzen Herzen, daß er in Gnaden fortfahre Ihr wichtiges Amt reichlich zu segnen, und daß er Sie dazu mit Kräften des Gemüths und des Leibes bis auf die spätesten Jahre väterlich ausrüste. Mir und den Meinigen erbitte darbey Deroselben fortdaurendes geneigtes Wohlwollen, und werde gewiß dieses, als einen sichern Beweis davon ansehen, wenn Sie mich nun bald mit demjenigen angenehmen Besuche erfreuen, den Sie mir schon vor 7 Jahren in Eilenburg versprachen. Es ist mir indessen auch dieses ein Vergnügen, daß

daß Ew. Hochwürden gegen meinen jüngsten Sohn ein so ausnehmendes Wohlwollen blicken lassen, und daß Sie die geringen Merkmale seiner schuldigen Ehrerbiethung so geneigt aufgenommen; und ich empfehle selbigen auch in Zukunft Deroselben vielvermögendem Patrocinio, in Hoffnung, daß er keine Gelegenheit versäumen werde, sich desselben immer würdiger zu machen. Nun Gott kröne Deroselben Ausgang aus Zeiß, so wie den Eingang in Leipzig, Ihr Amt, Ihr Hauß und alle Ihre Unternehmungen mit seinen besten Seegen! wie solches aufrichtigst wünschet

Ew. Hochwürdigen Magnificenz

Merseburg,
d. 23 Septemb. 1778.

zu Gebet, Liebe u. Diensten ganz ergebenster
M. Christian Ernst Schmidt.

Vom

Vom Professor der Theol. und Superint. D. Stemler
in Leipzig.

### Hochedler
### Hochgeehrtester Herr Rector,
### Hochgeschätzter Gönner!

Mit besonderm Vergnügen habe ich Ew. Hochedl. wertheste Zuschrift, mit der Beylage erhalten, die ich zu der Samlung Ihrer gelehrten Schriften gebracht habe. Gott lasse alle Bemühungen einen edlen Saamen seyn, aus welchem gute Früchte für das Reich seines Gesalbten, und der Wissenschaften erwachsen. Das Rectorat zu Grimma wird ohne Zweifel eine Vorbereitung zu einem grössern Werke vom Herrn werden, und ich wünsche von Grund des Herzens, daß seine Gnade reichlich bey Ihnen wohne, damit das anvertraute schöne Pfund vielen Nutzen in der Kirche schaffe. Mir gereichet es zur Ehre, wenn Ew. Hochedl. mir das Herz ferner zuneigen, da Dero Herr Vater so geneigt gegen mich war, und ich werde nie aufhören mit einer wahren Gegenliebe die Pflichten der Freundschaft zu erfüllen, der ich die geringen Beylagen, als Zeichen meiner Ergebenheit überreiche, mich und meinen Herrn Bruder empfehle und unverrückt verharre

Ew. Hochedlen

Leipzig,
am 20 Jul. 1759.

verbundenster Diener<br>D. Joh. Christian Stemler.

## Hochedelgebohrner Herr,
### Hochgeehrtester Herr Rector!

Dießmal habe ich mich anzuklagen, daß ich den Abtrag meiner Schuld so lange verschoben habe. Desto mehr Achtsamkeit will ich künftig in diesem Falle beweisen, und bitte inzwischen mich zu entschuldigen. Die Nachrichten, die Ew. Hochedl. von so wichtigen Begebenheiten gegeben haben, sind gewiß um so grösserer Aufmerksamkeit würdig, je sorgfältiger Sie dieselben geprüfet und beurtheilet haben. Ich muß bekennen, daß ich manches in der Schrift gefunden habe, das man vergeblich in vielen Geschichtbüchern suchen wird. Könnte ich nur wieder mit etwas angenehmen aufwarten! Ich will jedoch nicht vergessen, dafür zu sorgen. Man sagt, Hr. Hofrath Ritter würde von Wittenberg gehen. Vielleicht würden Sie sich aber bey jetzigen betrübten Umständen dahin nicht sehnen. Der Herr, dessen Hand alles ändern kann, mache sich doch auf, uns zu helfen. Dessen treuer Vorsehung und Beschützung empfehle ich Dieselben, Dero liebe Schule und werthes Hauß, der ich mit wahrer Hochachtung verharre

Ew. Hochedelgebohrnen

Leipzig,
d. 13 März, 1761.

ergebenster Diener.
D. J. C. Stemler.

Hochedelgebohrner
Hochgeehrtester Herr Rector,

Vornehmer Gönner!

Da ich bey meinen Vorlesungen eben jetzt den Artikel von der Auferstehung der Todten vortrage, und vor mich Calixti Tractat de immortalitate animae et resurrectione mortuorum nachlas, in welchem er sich nach Absterben eines sehr wohlgearteten Sohnes aus dieser Lehre vortreflich aufrichtet: So bekam ich mitten unter dieser Beschäftigung die schöne Abhandlung Ew. Hochedl. die Sie dem Andenken Ihrer seligen Schwester gewidmet haben. Welche gute Gelegenheit fand ich hier wiederum mich zu erbauen! Ich danke demnach Ew. Hochedl. für dieses mir sehr erweckliche Zeugnis Ihrer Gewogenheit. Der selige Hr. D. Deyling hat aus dem Worte δικαίωμα bewiesen, quod vocab. satisfactio sit ἔγγραφον. Hier ist eine sehr reiche Bestätigung dessen. Der Herr lasse ferner alle Ihre Bemühungen gesegnet seyn. Ich verharre mit besonderer Hochachtung

Ew. Hochedelgebohrnen

Leipzig,
d. 6 Octobr. 1761.

ergebener Diener
D. J. C. Steinler.

Hochehrwürdiger und Hochgelahrter
Hochgeehrtester Herr Superintendens,
Hochgeneigter Gönner!

Es war nicht nur ein angenehmes Geschenk, welches ich von Ew Hochehrwürden, zu meiner besondern Erweckung, bekam, sondern auch ein schätzbares Denkmahl, das einem treuen Diener Jesu, der mit seinem Dienste am Hause des Herrn die Nachfolge seines Meisters verband, billig gestiftet worden ist. Für alles danke ich verbundenst; und Ew. Hochehrw. können versichert seyn, daß ich mit Ihnen in die Gemeinschaft des göttlichen Lobes trete, da der Herr seine Gnade an Ihrer bisherigen Führung auf mancherley Weise verherrlichet hat. Er erfülle doch an Ihnen ferner den Wohlgefallen seines Willens, daß der Nahme unsers Erlösers durch Sie gepriesen werde. Für das angenehme Geschenk habe ich diesmahl nichts als unser Festprogramma, beyzulegen, welches Herrn D. Bahrdten zum Verfasser hat. Unser liebes Tergau wird seinen werthen Herrn Schwarz allezeit in gutem Andenken behalten, und ich hoffe, daß Sie dasselbe in Ihrem Herzen tragen werden. Der dasige Herr Archidiaconus hat eine neue Probe von seinem Fleiße in Untersuchung der Geschichte der Stadt ans Licht treten lassen, die den Freuden derselben angenehm seyn wird. Ich verharre

Ew. Hochehrw.

Leipzig,
d. 5ten Jan. 1764.

ergebenster Diener
J. E. Stemler D.

Vom

Vom Senior D. Winkler zu Hamburg.

## Hochwürdiger und Hochgelehrter Hochzuehrender Hr. Doctor,
### Hochgeschätzter Gönner!

Ew. Hochwürden können gewiß glauben, daß Ich den treuesten Antheil an allem, was Denenselben vergnügend seyn kann, nehme. Daher ist mir besonders angenehm zu vernehmen gewesen, daß Denenselben nach Absterben des Herrn D. Ernesti verschiedene Vortheile zugewachsen. Der Höchste erhalte Sie der dortigen Academie und seiner ganzen Kirche bis auf die spätesten Zeiten bey dem Genuß alles gedeyhlichen Wohlergehens!

Was ich gleich nach des gedachten sel. Herrn D. Ernesti Tode gewünschet, daß Ew. Hochwürden die Fortsetzung seiner theologischen Bibliothek übernommen hätten, wird mir ein erneuerter Wunsch, so oft ich Recensionen und Urtheile lese, die so partheyisch, zum Faveur der heutigen Neulinge sind. Wie betrübt siehet es doch jetzt aus, daß die jetzigen Religions-Stürmer allenthalben die gelehrten Zeitungen und Journale zu Posaunen ihrer Sentiments haben! Was wird nicht Herr Doct. Bahrdt in Halle noch aushecken, da er nach dem Bericht der öffentlichen Zeitungen, vor Halle einen Garten gekauft hat, und daselbst eine Buchdruckerey anlegen will? Ein schöner Ketzer-Almanach auf Anno 1782 wird wohl zuerst erscheinen.

nen. Alle dergleichen Umstände machen bey mir den Wunsch so viel lebhafter, daß die dortige Facultät anstatt des Herrn Doct. Ernesti ein Mitglied wieder bekommen möge, das mit den jetzigen breyen schätzbaren Membris derselben gleiche Gesinnungen habe.

Ew. Hochwürden nehme mir die Freyheit jetzt meinen, durch Gottes Gnade glücklich geendigten, heurigen Jahrgang: Lehren göttlicher Weisheit, zu geneigter Aufnahme zu übersenden.

Ich empfehle schließlich Dero fernern gütigen Andenken mich aufs Beste, und verharre mit geziemender Hochachtung

Ew. Hochw.

Hamburg,
d. 13 Dec. 1781.

gehorsamster Diener
J. D. Winkler Dr.

Schwarz

Schwarzens Schreiben an die Prediger der Inspection Penig bey seinem Abzuge.

## Wohlehrwürdige, Großachtbare, Wohlgelahrte,

### Hochgeehrteste Herrn Pastores und Diaconi,

Es hat der Güte Gottes gefallen, mich zu dem Amte eines Naumburgischen Stifts-Superintendentens, des Stifs-Consistorii Assessoris und Schloß-Predigers zu Zeitz, in Gnaden berufen zu lassen, welche mir von Gott anvertraute Aemter, ich, wenn ich Dominica Judica hieselbst meine Abschieds-Predigt unter dem Beystande der göttlichen Gnade werde gehalten haben, Dom. Palmarum im Nahmen Gottes mittelst abzulegender Anzugs-Predigt anzutreten gedenke.

Bevor ich nun mein bishero in der vergnügtesten Verbindung mit Ihnen, theuerste Väter und Freunde in Christo, geführtes Amt niederlege, hebe ich meine Hände auf zu Gott, um Sie zu segnen, und Ihnen den Reichthum der Seegensreichen Gnade Jesu zu fernerer rühmlichen und gesegneten Verwaltung Ihres heiligen Amtes, wie zu Führung des allerglückseligsten und geruhigsten Lebens von ganzem Herzen anzuwünschen. Die liebe Gottes umfange Sie und die werthgeschätztesten Ihrigen mit ewiger Gnade und Erbarmung, und mache zur Belohnung Ihrer redlichen Amtstreue, Ihres Herzens Zufriedenheit auf Erden so gros, als dereinst Ihre Freude im Himmel in der leiblichen Vereinigung mit Christo unserm Erzhirten seyn wird. Setzen Sie unsere Vereinigung, die Gott durch meine Abrufung von hier nicht trennt und aufhebt, sondern durch die Einigkeit im Geist, im Glauben und in der Liebe unter uns erhalten wissen will, durch Ihre freundschaftlichen Gesinnungen gegen mich, und durch Ihr andächtiges Gebet für mich und meine Erhaltung in der Gnade Gottes, bis an das Ende Ihrer Tage liebreich fort, und versprechen Sie sich von meiner Liebe zu Ihnen, und von der Treue meiner Freundschaft alles, was Sie sich von einem Christen, der das königliche Geboth der Liebe von Gott empfangen hat, und von einem Diener Christi versprechen können, der des Wortes seines Herrn Joh. XIII. 35. „Dabey wird man „erkennen, daß ihr meine Jünger seyd, so ihr Liebe un„ter einander habt," eingedenk ist. Von Ihren lieben und Ihnen zu treuen Händen empfohlnen und theuer anvertrauten Gemeinden, die ich als Glieder des Leibes Christi aufrichtig liebe, und im Herzen werth achte, wie nicht weniger von den werthgeschätzten Lehrern in den Schulen, bitte ich Dom. Laetare in meinem Namen öffentlich Abschied zu nehmen, sie an meiner Statt im Nahmen Jesu Christi zu segnen, mich ihrer Liebe und ihrem andächtigen Gebethe herzlich zu empfehlen, Sie denn auch zu versichern, daß ich ihrer fleissig in meinem Gebethe zu Gott gedenke, und ihre Nahmen auf meinem Herzen tragen werde, so oft ich vor Gott trete.

Nun,

Nun, die Gnade Gottes, die da ist in Christo Jesu, sey mit Ihnen! Leben Sie wohl, theuerste Freunde, Ihre Seele freue sich in Gott dem lebendigen Gott, so lange ein Odem in Ihnen ist! Gott vereinige uns dem Leib und der Seele nach mit einander da, wo Jesus seine Knechte, die ihm hier über wenig oder viel getreu gewesen sind, zur Freude ihres Herrn einzuführen verheissen hat!. Mit diesem Wunsche scheide ich von Ihnen im Nahmen des Herrn, und bleibe auch in der Entfernung mit aufrichtigster Liebe und innigster Werthschätzung lebenslang

Ew. Ew. Wohlehrw.

Penig,
d. 20 März, 1770.

zu Gebeth und Diensten treuergebenster Freund
und Diener
D. Friedr. Imman. Schwarz.